「目標について書かれた本のなかで、私の新しいお気に入りはこれ！　ジョン・エイカフがまたやってくれた！」

メル・ロビンズ　ポッドキャスター兼、ニューヨーク・タイムズ・ベストセラー『魔法のハイタッチ（The High 5 Habit）』、『5秒ルール（The 5 Second Rule）』著者

「おお！　行動に移せて、ちゃんとした結果がすぐに出る、世にもまれな１冊だ。間違いない！」

パトリック・レンシオーニ　ベストセラー『決める会議（Death by meeting）』、『あなたのチームは、機能してますか？（The Five Dysfunctions of a Team）』、『The Six Types of Working Genius』著者

「目標に関する本で、いままで読んだなかで最高の１冊！　ジョン・エイカフのこの本は、あなたの持つ可能性を最大限引き出す手助けをしてくれるはずだ」

ジョン・ゴードン　12冊のベストセラーを手がけた『最強のポジティブチーム（The Power of Positive Team）』著者

「『多くの[illegible]能性をその身に秘めたまま死んでいく。だからこの世でもっとも豊かな[illegible]く耳にする。おそらく彼らは、信頼を寄せてくれ[illegible]し、自分はもっと多くをなし得ると[illegible]。だが、ジョン・エイカフは、本書で[illegible]ためのロードマップを見事に描き出し[illegible]なが読むべき必読の書だ」

ノーナ・ジョ[illegible]経営者、『Killing Comparison』著者

「本書の最初から最後まで、ジョンは魅力的で親しみやすい、ユーモアあふれる語り口で個人的な経験を正直にうちあけ、人生の振り返りをうながす。そしてなにより、あなたが目指す場所がどこであれ、より良い人生へとつながる、楽しくて多くの気づきに満ちた道のりを、一歩一歩、けっして迷わないように案内してくれる」

ジニー・ユーリッチ　「1000 Hours Outside」創設者

「ジョンがまたやってくれた。別次元の成果を出すための、斬新で面白い、刺激的な作品だ！　自分の可能性を引き出し、10倍がけの人生を送る用意はいいか？」

グレッグ・マキューン　ポッドキャスター、ニューヨーク・タイムズ・ベストセラー『エッセンシャル思考（Essentialism）』、『エフォートレス思考（Effortless）』著者

「動かない車に閉じ込められたときのみじめさを知っている人なら、そこに大きなトラックが現れて、ロープでひっぱって元の道に戻してくれたときのありがたさもわかるはずだ。私の友人であり、長年信頼をおいてきたジョンが、またしても傑作を書いた。彼はけっして読者をムダに振り回したりはしない。そのかわり、肩をそっとたたいて、目標を思い出すよう諭してくれる。途中で行き詰まったり、取り乱したり、気を落としたり、道を外れてしまったりする前に、あなたがもともと目指していた、心地よい、あるべき方向に戻してくれるのだ」

ボブ・ゴフ　ニューヨーク・タイムズ・ベストセラー『Love Does』、『Everybody Always』、『Undistracted』著者

「本書は目標達成の役に立つ。だが、それだけではない。自分の人生に対する責任の取り方を教えてくれるのだ。もし、自分の世界を変えるためのインスピレーションや教えが欲しいのなら、それはあなたが手に取ったこの本のなかにある」

ドナルド・ミラー　「Business Made Simple」CEO

「これはすごい！　ジョン・エイカフの最高傑作だ。“目標”というとらえどころのない抽象的な概念を見事な腕前でときほぐし、シンプルかつ実行可能なものに変身させている。これから10年先、あなたが失意のどん底にいるか、はたまた目標を達成して望みどおりの人生を謳歌しているかは、この本を読むかどうかにかかっている。私は本気でそう思う。それほどこの本はパワフルだ！」

デイビッド・ナース　ベストセラー作家、トップ50基調講演者、150人を超えるNBAのスター選手を指導したアドバイザリーコーチ

「12年前、ジョン・エイカフの最初のビジネス書の草稿を読んだ私は、すぐに彼にメールを送った。『君はほかにもやりたいことがあるのかもしれない。でも考え直しなさい。すぐに執筆に専念するんだ。時間をムダにしちゃダメだよ！』。彼がそのアドバイスを真摯に受け止めてくれたことを私はうれしく思う。自分はもっとできるんじゃないか、という疑問を抱いたことがある人へ。この本こそ、あなたが待ち望んでいた明快な答えだ」

スティーヴン・プレスフィールド　ニューヨーク・タイムズ・ベストセラー『やりとげる力（The War of Art）』著者

「読者に、見慣れたハードルを新鮮な目で観察させることができる。ジョンはそうした、たぐいまれなすばらしい才能の持ち主だ。従来のアドバイスとは一線を画す、新鮮で超実践的でユーモラスな方法論によって、読者はこれまでにないことを考え、これまでにないことを実行することになる。あなたが探し求めていたブレイクスルーがここにある」

キャリー・ニーウホフ　ポッドキャスター、『At Your Best』著者、「The Art of Leadership Academy」創設者

必要なのはゴールだけ
ポテンシャルゾーンの入り方

ジョン・エイカフ 著
井上 大剛 訳

ALL IT TAKES IS A GOAL
The 3-Step Plan to Ditch Regret and Tap Into Your Massive Potential
by Jon Acuff

Originally published in English under the title *All It Takes Is a Goal* by Baker Books,
a division of Baker Publishing Group, Grand Rapids, Michigan, 49516, U.S.A.

Japanese translation rights arranged with BAKER PUBLISHING GROUP
through Japan UNI Agency, Inc., Tokyo

ハリス先生に捧ぐ

私がマサチューセッツ州イプスウィッチの小学校の3年生だったとき、文章を書くことはそれ自体を目標にしてしまえば、決して難しいことではないと教えてくれた恩師へ。

ゾーン
THE ZONES

燃料
THE FUEL

約束
THE PROMISE

はじめに
――自分の可能性に対する落胆と好奇心

私は自分の可能性を最大限に活かそうなんて、45歳になるまで考えたことがなかった。いうならば、〝奥手〟だったのだろう。

そして、ようやくそう思うにいたったとき、落胆と好奇心が同時にわいてきた。気持ちが落ち込みはじめたのは、10月のさわやかなある日、長女を連れて大学のオープンキャンパスに行ったときのことだ。当然、娘への期待で胸がいっぱいになるはずだった。しかし見学の途中で、ふいにつらい気持ちが波のように巻き起こり、打ちのめされることになった。

私は妻と並んで、アラバマ州バーミンガムにあるサムフォード大学の十字路を見下ろしていた。だが、そのとき感じていたものはまったく正反対だった。

妻は、われわれの母校であるこの大学を、懐かしそうに振り返っている。飽きることもなくキャンパスをじっくりと見回しては、数限りない記憶に思いを馳せ、どれが一番楽しい思い出だったかを決めきれないといった様子だ。「大学って最高だったよね？」と私の腕をぎゅっと握りながら、彼女は聞く。

「え？　いや……ひどいもんだったよ」、そう答えた私の脳裏には、妻と同じ場所を眺めながらも、散々だった大学時代がよみがえっていた。

生まれ育ったマサチューセッツ州ハドソンからアラバマにやってきた当時の私は、大学でフラット〔男子学生によって構成される社交クラブ〕に入ろうとしたのだが、どこをあたっても、映画『グッド・ウィル・ハンティング』ばりの冷たい態度で拒絶された。そしてハロウィンでの悪ふざけが過ぎて、1年間の社交イベントへの出入り禁止を命じられ、結局、街のスーパーマーケットのそばにある、かき氷スタンドで働くことになる。ケヴィンという男が入り口近くの歩道に勝手に引いてきた屋台だ。スーパーの店内ならともかく、外で氷を削る？　これが大学最初の学期にやることだろうか？

それでも1年が過ぎるころには事態は好転した……といいたいところだが、そのあとレイブカルチャー〔1980年代後半にイギリスで発生したとされる、アンダーグラウンドのムーブメント。集団で許可なく場所を占拠し、音楽を流して夜通し踊りつづける〕に染まってしまったのを見逃すわけにはいかない。私は、ピカピカ光る服を着てサイリウムライトを手に、ガレージのなかで午前3時まで踊りくるっていた。4年生のときのことだ。おそらく、大学時代をすこしでも明るく締めくくりたかったのかもしれない——本来そうあるべきだった、華やかな姿に近づけるために。

そして25年後のいま、ここに立って、学生生活の可能性をすべてムダにしてしまったことにひどくがっかりしている。本来、大学のキャンパスは可能性にあふれている。何かに参加し、何かをなして、何者かになりうるチャンスが、どこを見ても転がっている。長女はこれからそれを最大限に活かそうとしているし、妻はすでにおおいに活かした。しかし私は違った。どうして逃してしまったのだろう。

自宅のあるナッシュビルへ帰る車のなかから、その後の数週間にわたって、この問いは心に重くのしかかった。以前なら、こうした後悔の念は、やがて自嘲やあきらめに変わっていただろう。あなたもチャンスを逃したり、台無しにしてしまったときに、同じような気持ちになったことがあるはずだ。しかし普段ならそうなるはずのところが、今回は違った。私はそこまでの2年間、『サウンドトラックス』という本を出版するために、マインドセットの持つ力について研究して文章にまとめていた。そのため、ネガティブな〝サウンドトラック〟（くり返し頭のなかに現れる思考を指す、私の造語だ）に対処するには、「それを思い出すことで何かいいことはあるのか？」と自分に問いかけるのが一番なのを知っていた。自虐的になってもいいことなどひとつもない。だから、落胆を興味に変えることができるかどうか、試してみることにしたのだ。

こう思ったのは、年齢のせいもあるかもしれない。40代にもなると、心構えが違ってくる。自分がいまどこにいて、これからどこへ向かうのかについて、自問自答することが増える。それにあと2年もすれば、子どもは自立し、夫婦ふたりきりになる。大きな変化が目の前に迫るなか、私は自分自身の人生についてようやく考えはじめたのだ。きっと賢い人なら、20代か30代のあいだにやっていたことだろう。

大学時代は可能性を活かせなかった。それは事実であり、変えられない。だが、それよりもっとすばらしいもの——すなわち自分の未来を、変えることができるのではないか。そう思うようになった。この1週間を、あるいは1カ月を、1年を変えることができるのではないか?

大学時代はたったの4年間だ。だが、人生はまだ何十年もある。

30代には乗り遅れた。だから50代に向けて先手を打ちたい。20代はほとんど機会を活かせず、そのせいで確固たる人生の計画も基盤もないまま30代を過ごしてしまった。そのまま、50代も60代もその先も同じことをくり返すのはいやだった。

みずからの持てる力をすべて発揮して生きていく。そんなことが可能なのかはわからない。だが内心ひそかに、自分はもっとできるはずだ、そのためには何をしたらいいのか、という思いもあった。

そしてのちに、そう考えているのが自分だけではないことを、私は知ることになる。

可能性を引き出す

自分の可能性をいかにして引き出すかに興味がわいてきた私は、こうしたときにお決まりの行動をとった。ミドルテネシー州立大学の教授であるマイク・ピーズリー博士に調査研究を依頼したのだ。そして博士とともに、３０００人を超える人々に「自分のポテンシャルをフルに発揮できている実感がありますか」と尋ねてみた。

すると、この質問にイエスと答えたのは、たったの4パーセントだった。

驚くほど低い数字だ。だが、私の目を引いたものはほかにある。

この調査では、半数の人が「自分は50パーセントしかポテンシャルを活かせていない」と感じていることもわかった。つまり、世の中の人の半分は、〝50点の人生〟に甘んじているわけだ。X（旧ツイッター）が荒れるのも無理はない。

調査によれば、半数の人が「自分は50パーセントしかポテンシャルを活かせていない」と感じている。

毎年、もらったクリスマスプレゼントを半分しか開けられないことを想像してみてほしい。残りの半分は部屋の隅に山のように積まれている。だが、決して開けることはできない。しかも、誰かにそうしろと言われたわけではない。むしろ、友だちや家族は全部開けたらどうかと勧めてくれたのかもしれない。だが、あなたはどういうわけか、そうしたプレゼントは自分の手の届かないものだと思い込んでしまったのだ。

それで幸せなクリスマスが送れるだろうか？　いい家が手に入るだろうか？　いい仕事に就けるだろうか？　何かいいことが起こるだろうか？

きっと、そうではないはずだ。だが、そんな状況を変えられるとしたらどうだろう？

やりがいのあるすばらしいキャリアを築くことができるとしたら？

結婚生活を充実させ、友だちと深い絆を結ぶことができるとしたら？

人生でもっとも美しい体型を維持できるとしたら？

望んでいた本を書き、事業を興し、ちらかったガレージを片付け、オランダ移民の両親にファーストクラスでの里帰りをプレゼントし、チューリップ祭りを見せてあげられるとしたら、どうだろう？

毎日がまるで神さまからの贈り物のように感じられて、年を重ねるごとに進歩していけたらどうだろう？

もしあなたがいま20代なら、この10年がこれまでの人生でもっとも充実したものになり、それに続く30代はそれよりもさらにすばらしく、40代がそれ以上に良いものになるとしたらどうだろう？

きっと、最高なはずだ。

やり方はシンプルにしておこう

自分の持つ可能性を、ひとつの目標《ゴール》に変えることができるとしたら？　成功するのに必要なものがゴールだけだとしたら？　きっと、難しいチャレンジもシンプルになるはずだ。

形の定まっていないアイデアを実行に移すことはできない。そして「可能性」というのはそれと同じくらい曖昧なものだ。そのままでは、どこがゴールなのかも決まっていないレースに勝とうとしているのと同じだ。正しい方向に向かっているのかはおろか、前に進んでいるのかすらわからず、その道のりはひどく苦しいものになる。

きっと、みなここでひっかかっているのだろう。「可能性とはどのようなものですか？」と人々に尋ねたとき、私はそう思った。この質問に対する回答があまりにもバラバラだったからだ。

目的意識を持つこと
喜びを感じること
後悔をしないこと
何をするか自分で選べること
効率を最大化すること

たしかにこれらは「可能性」の一側面ではあるかもしれない。だが、そこから何かをはじめられるような具体性はない。「目的意識を持つ」というのは、人生のダッシュボードに光をあてるという意味では重要だ。だがその光はゆらぎやすく、ともするとまったく突飛な方向に進みかねない。

「喜び」についてはどうだろう？　どうやってそれを測ればいいのか。大きさや色のような尺度はあるのだろうか？　「今日の私は濃いオレンジ色。量も火曜日にふさわしい。金曜日までにはマゼンダになってたらいいな」というように。

「後悔をしない」？　ダニエル・ピンクは『THE POWER OF REGRET 振り返るからこそ、前に進める』（かんき出版、2023年）という著書で、「後悔をしない」という世の中でよく耳にする目標が、実際には達成不可能であることを証明した。人は平均で1日あたり3万5000回も決断を下すそうだ。[1]週のはじめから3万5000回の全部が全部うまくいくことなど、ありえるだろうか？　私には無理だ。予測に予測を重ね、どんなに慎重に行動したとしても人生にある程度の後悔はつきものなのである。

「効率を最大化する」？　まるでロボットのようなセリフではないか。「ワタシハ、コウリツヲサイダイカシマシタ。シカシ、コレヲケイゾクスルヒツヨウガアリマス」

　では、人生がもっとシンプルだったらどうだろう？

　そう考えれば考えるほど、私はひとつの大きな問いに立ち戻ることになった。すなわち、「必要なのは目標だけなのではないか？」という問いである。

　急に気になりはじめた自分の可能性というものを、具体的な目標に変えることで、簡単な目標を次々とこなしていけば、最後には大きなことを成し得るような流れをつくれるのではないか？

そうすれば、「はい！　私は自分のポテンシャルをフル活用して生きています！」と答えた4パーセントの人たちの仲間入りができるのではないか？

これは、最初はほんのわずかな望みにすぎなかった。それでも、はじめの一歩を踏み出すきっかけとしては十分だった。

この思いを胸に、私は可能性というものを真剣に追求しはじめた。だが、出発してまもなく、誰もがぶつかる壁にいきあたった。

THE LIST

リスト

1 未来に戻る
Go Back to the Future

「大きくなったら何になりたい？」――この質問を聞くと、私は身がすくむ。

本当はもっと素直に、明るい将来を思い描きたかった。「あなたの大きくてドキドキするような、大胆な夢は何？」と聞かれても、平気でいられるタイプだったらよかった。でも体がかたまってしまう。

私が自己啓発書を書くのは、この本で7冊めだ。だから未来に思いを巡らせるのが得意だと思われることが多い。だがそれは違う。だから今回も、自分の可能性について考えはじめてすぐ、これまでに何度となくぶつかってきた壁――〝ビジョンの壁〟にいきあたった。

この壁は、あなたとあなたの持つ可能性のあいだに立ちふさがっている。なぜならそこには、「可能性を最大限発揮するには、まずは人生について、詳細で、説得力のある、長期的なビジョンを持たなければならない」という不文律があるからだ。ちなみにこの壁は私がつくりだしたものではない。これまでに書かれた人生設計に関するありとあらゆる本が、1冊ずつレンガのように積み重なって、この壁を形づくっているのだ。

なかでももっとも有名なのはスティーブン・コヴィーの『7つの習慣』（FCEパブリッシング、1996年）だろう。この本が示す、2つめの〝習慣〟は「終わりを思い描くことから始める」というものだ。だがこの本が何百万部も売れ、間違った解釈をする人も増えた結果、この命題は「終わりを思い描けなければ、始めることもできない」へと変化した。コヴィー自身はそんなことは書いていない。だが、ビジョンの壁を通して解釈すると、そうした意味になってしまう。

ビジョンの壁は、あなたとあなたの持つ可能性のあいだに立ちふさがっている。

最近、人気を集めたサイモン・シネックの『WHYから始めよ！』（日本経済新聞出版、2012年）も、ビジョンの壁の手にかかれば、「WHY（理由）が見つかるまでは始めるな！」に変わってしまう。このすばらしい本には、もちろんそんなことは書かれてはいないのだが、ビジョンの壁の攻撃は無差別だ。アップルをはじめとする会社が、みずからの企業理念をはっきりさせるために洞察の手段として用いたこの命題も、個人からすれば、自分の可能性を追求するのに必要なのに、どこを探しても見つからない、呪文を唱えればどこにでも飛んでいける「銀の鍵」になってしまう。私はある友人が、半年ものあいだ、本を読み、コーチを雇い、性格診断テストを受けて、自分を後押ししてくれる〝理由〟を必死に探しつづけているのを見たことがある。彼は、それさえ見つかればあとはすべてうまくいくのだと思い込んでいた。

だが、誰が彼を責められようか？ ビジョンの壁はあなたにこうささやくのだ。「理由が見つからないって？ ならやめておきなさい」と。

起業家は、プロに相談して、ビジネスをはじめる前にピンポイントで狙うべき、市場の隙間《ニッチ》を見つけなければならないとアドバイスされ、ビジョンの壁にぶつかる。この理屈でいえば、〝ただの花屋〟になるのはいけないということになる。それでは幅が広すぎるのだ。おそらく、パフィオペディルム・ロスチャイルディアナムというマレーシア産の蘭を、サンディエゴ在住のアレクシスという赤毛のインテリアデザイナーに狙いを定めて売ることに専念すべきなのだろう。私はプロのライターとして、自分のニッチを見定め、読者を開拓するのに25年もかかったわけだが、あなたはビジネスをはじめる前にそれを見つけておかなければならないわけだ。

たしかにそれができれば、自分の可能性をフル活用して生きることなど簡単だ。必要なのは、結末を予測し、自分を後押しする理由を見つけて、レーザーのようにピンポイントでニッチを見極めることだけ。そうすればスタートの準備が整ったことになる。しかし、端的にいってそれは不可能だ。

その死は偽物、車も偽物、だが、問題は本物

ビジョンの壁を乗り越える方法としてよく勧められるのが、「自分が死ぬことを想像してモチベーションを高める」という方法だ。もしあと半年しか生きられないとしたら、何をやっておくべきだろう、と。ただ、この手の方法は――以前どこかでこれについての記事を書いたし、私自身、試したこともあるが――実際にはすぐにうまくいかなくなる。もしあとすこしで死ぬとして、私なら、税金を払ったり、クライアントに請求書を出したり、気難しい隣人に気をつかったり、洗濯物をたたんだりといった、まともな人生を送るために必要な数々の雑用をわざわざこなそうとは思わない。かわりに、スカイダイビングをしたり、ロッキー山脈に登ったり、大空を飛ぶ鷲を眺めたりと、まさにティム・マグロウの「リヴ・ライク・ユー・ワー・ダイイング（人生これで終わりだと思って生きていけ）」という歌の通りに過ごすことに専念するはずだ。

たしかに、実際に病気や喪失感を乗り越えた人が、トラウマを克服したあとに前向きな成長を見せることはある。しかし、死ぬことを想像しただけで生き方を大きく変えた人など、私はひとりも見たことがない。それでも、一時的にモチベーションはアップするって？　それはそうかもしれない。だが、長い目で見て人生が充実するかといえば、断じて違う。

「自動車事故にあったと想像したことで、私は変わりました。車で橋をわたっているときに事故が起きて、川に転落。なんとか川辺に泳ぎついて、新しい人間に生まれ変わろうと誓った。そ

う思うことで人生が変わったんです！」などと言う人を、あなただって見たことはないはずだ。

私は人生の行きつく先なんてわからなかったし、後押ししてくれる動機も見つからなかった。それどころか、自分が何を望んでいるのかまったくわからなくなってしまっていた。休日やたまの休暇はさておき、普段の生活で何かに対する欲求を自覚することなどほとんどなかった。「己に忠実であれ」という言葉が役に立つのは〝己〟がどのようなものかわかっている場合だけだ。何年ものあいだ、ジープが好きだと無自覚に思い込んでいたのもそのせいだ。

30代のころ、私はいつかラングラーというジープを手に入れることを夢見ていた。ネットでしょっちゅう好きなパーツを選んで購入シミュレーションをしては、できあがったジープの画像を見てため息を漏らす。頭のなかではいろいろと想像を巡らせていた。小川や冠水した場所を何度も越えることになるはずだから、車の側面にはシュノーケル〔水没対策として屋根の上まで伸ばしてある吸気口〕が必要だろう。ボンネットにはもちろんショベルがいるし、長いオフロードの旅に出たときのために予備のガソリンタンクも荷台に追加しておくべきだ。小さな3段のハシゴがあればさらに2フィート（約60センチ）上からあたりを見渡せる。屋根の上にのぼる機会は多いはずだからこれもつけておいたほうがいい。さらには、すでにジープを持っている人たちと話をして、もし愛車を手に入れたら道ですれちがうたびにジープ・ウェイブ〔ジープのドライバー同士が手をあげて挨拶をすること〕を交わすことまで約束した。

だが、こんな調子で10年間ものあいだジープの話を聞かされつづけた妻のジェニーは、ついに我慢の限界をむかえた。新しい車を買うための話し合いをしていたときに、彼女はだしぬけにこう言ったのだ。「あのね。あなたはきっとジープなんか好きじゃないと思うの」

私は仰天した。とっさに「おいおい、ジープのことなんて君にはわからないだろ」と言いかけたが、それまでに何度も夫婦関係に関するカウンセリングを受けていたので、とりあえずそこで習った相手の言葉を整理して聞きなおすという方法をとった。

「君の言う『あなたはジープなんて好きじゃない』ってどういう意味？」

「あなたはアウトドア派じゃない。だって、汚れるのが嫌いでしょ？　私の好きなキャンプにもしぶしぶついてくるっていう感じだし、キッチンで溶けた氷を踏んで靴下が濡れただけですごくイライラするじゃない」

「ああ、だって一日中水たまりに足をつっこんでるような気分になるからね。でも、ぼくはずっとジープが好きだった。もし好きじゃないって言うなら、このソルト・ライフ〔海をモチーフにしたデザインが多いファッションブランド〕のステッカーはどうすればいいの？」

「そんなの知らないわ。でも、あなたにはホットハッチ〔スポーツカーに近い走行性能を持つハッチバックの実用車〕のほうが合ってると思うわよ」

私はそのとき、「ホットハッチ」なる言葉をはじめて聞いた。だが、それから1週間後には、コンパクトな赤いフォルクスワーゲンＧＴＩハッチバックの慣らし運転をしていた。そしてさらに1週間後にはすっかりその車に惚れ込んでおり、1カ月後には、駐車場に入れるときに映画のカーアクションのようにドリフトを決めていた。それほど、このゴーカートのような車は運転していて楽しかったのだ。

いまの話からわかるように、私は自分が本当に好きなものがまったくわかっていなかった。たかが車ですらこうなのだ。自分の将来など、まともに予測できっこないのは、容易に想像がつくだろう。かたや乗りもの、しかしもう片方は〝残りの人生で何をしたいか〟なのである。もし未来を知らなければいまを変えられないというなら、私はお手上げだ。自分が好きな車のタイプすらわからなかったのだから。

何か別の方法があってしかるべきだろう。

バックミラーを見る

可能性に対して世間でよくいわれているアプローチは、実際にはうまく機能しない。私はそれを裏づけるような経験を何十年も積み重ねてきたし、きっとあなたにとっても同じなのではないかと思う。なぜなら、ゆっくりと腰を落ち着けて未来に思いを巡らせようとすると、そのとたん、うすうす感じていたすべての不安がいっせいに目を覚ますからだ。地平線の向こうにいるすばらしい未来の自分を思い描こうとしているのに、頭のなかではありとあらゆる疑念や恐怖、過去の失敗が大声でがなりたてる。「おいおい。本なんて書けると思ってるのか？　会社なんて興せるのか？　勝負できるつもりかい？　その歳で？　その経歴で？　無理に決まってるだろ」

こうして、これからの将来を描こうと思っていた白いキャンバスは、反対意見や言い訳、抗議の声で埋めつくされてしまう。まだ、はじめの一歩すら踏み出していないというのに。

さて、この頑丈でいまいましいビジョンの壁がまたも行く手に立ちふさがるのを見た私は、これまでとは違うやり方を試してみることにした。前を見るのではなく、後ろを振り向いてみたのだ。

戦略的にそうしたわけではない。たんに、もうそれしか手がなかった。その時点で私は自分のポテンシャルを活かせていなかったし、未来はなんのヒントも与えてくれなかった。残るは過去しかない。

ただ、過去を振り返るのは最初は気が進まなかったし、よく見かける「振り向くな。進むべき道はそっちじゃない」というアドバイスに反する行為でもある。だが、実際に試してみると、すぐにこれが自分の人生を変えてくれる方法だと気づいた。誰もが思いもよらないような行動――すなわち〝バックミラー〟を見ることが、じつは自分の可能性をフルに発揮するための第一歩だったのだ。

過去は未来

ではここで簡単なクイズを出そう。

あなたにとって次のどちらのほうが簡単だろうか？
1．これからの20年間で送りうる、最高の人生について説明する。
2．これまでの20年間で起きた、最高の出来事について説明する。

まず、前者は想像にすぎないが、後者は確固たる事実だ。

そして前者を実現するには、あらゆる恐れをはねのける勇気にくわえて、ウォーレン・バフェットのような先を見通す力、イーロン・マスクのような未来を形づくるクリエイティビティ、オプラ・ウィンフリーのような底なしの前向きさ、海軍特殊部隊《ネイビーシールズ》の隊員のような不屈の精神が必要となる。

一方、後者に必要なのは、紙とペンだけだ。

私は前者を何年もかけてやろうとしたが、一度もうまくいかなかった。立ちはだかるビジョンの壁を前にまったく歯が立たなかったのだ。そしてついに、とある日の午後、ジョージア州オーガスタの空港のロビーに座っていたときに、2つめの選択肢を試してみようと思い立った。ノートのページに〝最高の瞬間《ベストモーメント》〟とタイトルを記し、リストを書きはじめる。自分の過去を

1冊の本に見立て、黄色の蛍光ペンで、もっとも重要だった出来事を目立たせるようにした。じつは、このアメリカ南部の小さな空港でリストを書きはじめたのにはわけがある。その直前に経験したばかりの〝最高の瞬間〟が、まだ記憶に新しかったのだ。前の日の夜、オーガスタのメトロ商工会議所で、私は満員の観客を前に講演をした。まさに最高だった。だから、まずはそのことをノートに書きとめた。さらに、過去に起きたすばらしい瞬間の数々についても書いていった。それが、作業を続ける一番楽なやり方だったからだ。私は以下のように走り書きをした。

- 自分の結婚式の日のこと。
- 2人の子どもが生まれたときのこと。
- サントリーニ島やコスタリカ、クリスマスのニューヨークなど、旅行でさまざまな場所を訪れたこと。
- 奨学金を完済したときのこと。

こうして、ひとしきりわかりやすいものが出そろうと、次にちょっと変わったものが出てきはじめた。

- 友だちと一緒に、マーサズ・ヴィニヤード島で9ポンド（約4キロ）のロブスターを食べたこと。それはちょっとしたスーツケースほどの大きさで、殻を開けるのに回転式ののこぎりが必要だった。

- ランニングのあと息を整えているあいだに、お隣さんの愛犬であるスカウトの体をなでてあげたこと。
- 大好きな作家のひとりであるスティーヴン・プレスフィールドが、本を書いている私に励ましの手紙を送ってくれたこと。

私が書きとめた〝最高の瞬間〟のなかには、1回かぎりのものだけではなく、何度もくり返し起こるものもあった。

- 新しい月がはじまって、手つかずの30日を自由に使える状態のとき。
- 玄関の扉を開けたら、軒下に荷物が届いていたとき。
- 妻や子どもたちを笑わせることができたとき。

また、一見たいしたことには見えなくても、個人的に大好きな瞬間もあった。

- コストコの店内を見てまわること。とくにクリスマスの時期に。
- レストランで、テーブル席ではなく、背もたれで仕切られたボックス席に座ること。
- 自宅に設置したエサ箱に、鳥たちが寄ってくるのを見ること。

その日、私は空港で2ダースほど最高の瞬間を書きとめ、さらにその後の数日間で、思いつくままに新しいものを加えていった。

「何が最高の瞬間に値するのか」については、とくに条件はつけなかった。楽しみながら、遊び半分で作業を進めたかったからだ。「自分の本が、『ニューヨーク・タイムズ』のベストセラーリストに載ったという電話をもらった」などの大きなことでも、「週の仕事の終わりに、机の上を整理してすっきりした」のような小さなことでも、書けることならなんでもいい。

このリストのルールはたったひとつ。とにかくすべてを書きだすことだ。

アイデアを厳しくチェックをする、愛想の悪いナイトクラブの用心棒は頭のなかから追い出すことにした。ここには、内容に点数をつけるテストもなければ、郵便箱の色が規則に合っているかを監視する、住宅所有者協会（ＨＯＡ）もない。その出来事の規模や重要度に関係なく、自分がいいと思ったものなら、なんでも書き入れる。

ルールを自分で決めているのだから、失敗するわけがない。だからこのリストをつくるのは簡単だった。

過去は驚きに満ちている

ただ正直なところ、この〝最高の瞬間リスト〟をつくることで、すこしは得るものがあるだろうと思いつつも、それほど期待していたわけではなかった。だが、実際やってみると、これまでありとあらゆる自己啓発テクニックを試してきた目標オタクの私にとっても、この方法は驚きに満ちていた。

まず、1つめの驚きは、リストをつくることですばらしい気分になれたことだ。これはいまにして思えば、当たり前だといえる。人生の最高の瞬間をリストアップして、気分が良くならないわけがない。要は、私は自分の頭と心に「いままで人生で経験してきた最高の瞬間を探してほしい。自分がもっとも大切にしている友だちや記憶、思い出の品物を見つけてくれ」と頼んだわけだ。

おそらく頭も心もこのリクエストにとまどったのではないだろうか。なぜなら普段は、まったく正反対のことをするのが自分たちの仕事だと思い込んでいるからだ。頭や心は、私がこれまでにおかしてきた失敗を記憶から引き出し、ふとしたときにそれを思い出させるのがとても得意である。要するに、サプライズパーティーのくり返しのようなものだ。ただ、そこで出てくるフリップには「誕生日おめでとう！」ではなく「あのときやらかしたとんでもない失敗を覚えているかい？」と書かれているのだが。

思い出すだけでぞっとする失言から、何年も前の仕事でのミスまで、後悔する出来事を並べれば長大なカタログになる。これは、科学者が「ネガティビティバイアス」と呼ぶ、脳の働きのひとつであり、ネガティブなことを過大に、ポジティブなことを過小に評価することで、危

ルールを
自分で決めていれば、
失敗はありえない。

ジョン・エイカフ

#AllItTakesIsAGoal

険から身を守ろうとするものだ。「生後わずか8カ月の乳児であっても、カエルよりヘビの画像に、うれしい顔よりも悲しい顔の画像にすばやく注目するようになる」[1]という。

だが、私はここで生まれて初めて、記憶のなかからあえて幸せな気持ちにさせてくれる瞬間を探してみたわけだ。ちょっとした反抗を企てているような気分だった。なぜならここ20〜30年ほど、現代心理学は悲しみにばかり焦点をあててきたからだ。マーティン・セリグマンは著書『ポジティブ心理学が教えてくれる「ほんものの幸せ」の見つけ方』（パンローリング、2021年）のなかで「悲しみに関する論文100本に対して、幸せに関する論文は1本しかない」[2]と述べている。

私自身、これまで数え切れないほどカウンセリングやコーチングを受けるなかでこれを実感してきた。とあるグループワークでは、〝トラウマの卵〟なるものを描くよう指示された。大きな1枚の紙に卵の形を描き、そのなかを生まれてからいままでに自分の身に起きたひどい出来事で埋めていくのだ。夫婦で来ている参加者たちとともに小さなグループに入れられた私は、いつもセッションのはじめにお互いのストーリーをわかちあったのだが、どうしても最後は、これまでに自分たちがやってしまった（あるいはされてしまった）ひどいことを延々と語るはめになった。

逆に、人生ですばらしかった出来事を思い出してみようといわれたことは一度もない。まるで、そんなことはどうでもいいし、何も得るものはないといわんばかりに。だが、〝最高の瞬間《ベストモーメント》リスト〟はその状況を変えてくれた。炭鉱を掘り返して失敗を探すかわりに、ダイヤモンドの鉱山で希望を探すよう促してくれたのだ。

そして、この方法が与えてくれた2つめの驚きは、リストをつくることで感謝の気持ちがわいてきたことだ。科学的な説明はここでは省くが、感謝が体にいいという研究結果がいまでは次々と発表されている。私自身の実感としても、それは本当だと思うし、納得もしている。ただ、個人的には、なんのプランもなく、ただ漠然と感謝するというのはうまくいったためしがない。「感謝するべきだ」とか「心に余裕を持つべきだ」と言われると、「それはおっしゃるとおり。でも、どうやって?」と思ってしまう。

もっと実用的な、実際に行動に移せる手順が欲しい。私は常々そう思っていた。そしてベストモーメントリストこそがまさにそれだった。リストをつくれば、ただちに感謝の気持ちがわいてくる。いままで忘れていたり、当然だと思っていた多くの出来事を思い出し、そのありがたみが身に染みるからだ。

さらに3つめの驚きは、このリストによって自己認識ができたことだ。自己認識はそれ自体がとても大きな力を持っている。それなしでは、本物の人間関係の構築や、仕事での成功、体型の維持など、人生における重要な目標を達成することは不可能だ。そしてこれはある意味、当たり前だといっていい。自分のことがよくわかっていなければ、現実を正確に把握できない。自分は情熱的だと思い込んでいたリーダーは、ある日とつぜん、感情のコントロールができないという理由で解雇され、ショックを受ける。50代の父親は、かかりつけの医者にあまりに太りすぎだと注意され、プライドを傷つけられる。20代後半の女性は、自分にはなぜどうしようもない男ばかり寄ってくるのだろうと悩みながら、まず変わるべきなのは自分自身だということにいっこうに気づかない。

自己認識を得るというのは、生まれてからずっと色覚障害だった人が、すべての色が見えるメガネをかけたり、聴覚障害者の子どもが人工内耳をつけて、はじめて自分の母親の声を聴いたりするのに等しい。目に飛び込んでくる数々の鮮やかな色を見て、耳に入ってくるありとあらゆる音を聴く。生きている実感を得られた出来事を思い出すのはこれと同じだ。

自分が本当に大切にしていることを知らないまま、可能性を引き出すことなどできない。では、個人的に最高だと思った瞬間をリストアップしていくと何が起きるのか？　自分が大切にしていることがただちにわかるのだ。このリストは自己認識への近道なのである。

最後に、4つめの驚きは、このリストが「マインドフルネス」――すなわち〝いまを生きること〟――を教えてくれたことだ。そう、いま流行《はや》りのあれである。誰もが、いまを大切にしたい、その瞬間瞬間を大事に生きていきたいと思っている。では、そのための一番簡単なやり方は何か？　それは自分を輝かせてくれる出来事に注意を向けることだ。〝いまを生きる〟というのは、そのときどきをいつくしむ方法を学ぶことにほかならない。

頭と心に、過去のすばらしい瞬間を見つけてくるよう頼めば、自然と現在の出来事も探しはじめるだろう。すると気づけば、「ああ、いま、この瞬間もすばらしい時間だ。これもリストに加えよう！」と思っている自分がいるはずだ。そのときまさにあなたは〝いまを生きている〟ことになる。

この4つの驚きだけでもこの方法を試してみる価値はある。くり返すが、必要なのは紙とペンだけだ。ただ、このリストについてはまだ続きがある。

バック・トゥ・ザ・フューチャー

結局は170項目にまで膨らんだ自分のリストを読み返しているうちに、私の頭のなかにそれから先の日々を一変させる、大きな考えがひらめいた。「もっとここに何かを書きたい！」と思ったのだ。170個では足りない。1000個、1万個、いや100万個書きたい！

おおげさな、と思うかもしれないが、リストを読み返していたら本当にそうなったのだ。「こういう最高の瞬間をもっと増やしたい」と思わずにはいられなかった。〝もっと〟どころか、こういう瞬間が〝つねに〟起こりつづけるようにできないものか、とすら思った。

私はもともとネガティブな人間だし、皮肉屋だ。根っこのところでは自己啓

> “いまを生きる”というのは、そのときどきをいつくしむ方法を学ぶことにほかならない。

発の力を信じつつも、世にあるほとんどはうさんくさいものだと思っている。故郷であるアメリカのニューイングランド地方では、なんの根拠もなく大きなことを言う人たちに、いつもイライラさせられた。だが、しばらくのあいだでも、それを止めることができたら――つまり、すこしでも自分のなかの不信感を抑えることができたら――〝最高の瞬間〟を人生における例外ではなく、当たり前のものにできるのではないか？

とある月、とある週の特定の時間だけではなく、日々のあらゆるところに深く向き合って、最高の瞬間をつなぎながら進んでいくような人生を送ることができるのではないか？

知らない国への旅行が予定されているわけでも、あきらかに大きな成果が手に入ることが決まっているわけでもない、ごく普通の月曜日に、それができるのではないか？

自分の可能性を、〝ときおり〟ではなく、〝つねに〟発揮しつづけることはできるのではないか？

後悔をやめ、残された時間を人生で最高のものにできるのではないか？

それをもし私が実現できるのなら、あなたにもできるのではないか？　そしてもっとも重要なのは、それがたった1つのリストからはじまるかもしれない、ということだ。

2 ベストモーメントリストをつくってみよう

Build Your Best Moments List

私はもともと、この本の最後の章で、ベストモーメントリストをつくってみないか、とさり気なくあなたを誘うつもりだった（もうすでにこれがセールストークに聞こえるかもしれないが）。だが、あなたは自分のことをもっとよく知りたくはないだろうか？　感謝やマインドフルネスについて手っ取り早く学びたくはないだろうか？　もう、言いたいことはおわかりだろう。すでに第2章まで読み進めてきたのだから、あなたはただこの本をめくってみただけの読者ではない。ちょっとした作業をこなす準備はできているはずだ。とくに、私がさきほど挙げたような十分な見返りがあるのならば。

おそらく、あなたの頭のなかにはもう、人生で最高の瞬間がいくつか思い浮かんでいるのではないか。そのなかにはきっと特別なものもあるだろうし、場合によってはすでにそれをどこかに書きとめているかもしれない。とにかく、一度はじめてしまえばこの方法は難しくない。ただ、よりやりやすくするために、ここで、記憶のなかから最高の瞬間を探すにあたって創造性を刺激してくれる、7つの質問を紹介しよう。

1.「　　　　　」をしているときは、時間が経つのが早く感じる（あるいは遅く感じる）。

私は文章を書いていて、ふと時計を見ると、時間があまりに早く過ぎたのに驚くことがある。それとは逆に、早起きをしていろいろなことをこなしたあと、まだ朝の8時なのに気づいてびっくりすることもある。この場合、時間は遅く感じられるわけだ。まさにこの現象を、カブリ・システム神経科学研究所の研究者たちが調査した。すると、「取り組む活動やそこで経験する出来事を変えることで、人は実際に、LEC（脳の外側嗅内皮質という部位）での時間信号の流れを変え、それによって体感時間が変化する」[1]ことがわかった。つまり、時間の流れが速くなったり遅くなったりするのは、たんに気分の問題ではなく、科学的な裏づけがあるのだ。

では、あなたは時間の感覚が変わるくらい、楽しいことがあるだろうか? 〝楽しい〟というのがキーワードだ（役所で手続きの順番待ちの列に並んでいるときにも、時間の感覚は変わるだろうが、それをベストモーメントリストにくわえることはありえないからだ）。私はこれまで何年にもわたって何千人もの人にこの質問をしてきたが、返ってくる答えは形も大きさも千差万別だった。[2] ジョー・ウェーマンは、映像の編集をしていると時を忘れる。キャサリン・マリーの場合は、生徒に教えているときだ。彼女は「生徒に歴史の授業をするのに夢中になると、あっというまに時間が経っちゃって驚くことがあるわ」と言っている。ジェシカ・ベンジン・スミスなら、自然のなかにいるときだ。彼女は夫とともに、なんと847日間も連続で荒野を歩きつづけた。マイケル・シーワーなら料理をしているとき。ニッキー・リンブルならピアノを弾いているときだ。

私にとって、映像の編集は悪夢のような時間だし、料理なんてお湯を沸かすのがやっと。ピアノにいたっては両親にいやがらせとしてやらされたのではないかとすら思っている。とはいえこれは私のリストではなく、あなたのリストだ。だからそこに書かれる答えは私のものとは違うだろうし、場合によってはこの本に載っているどんな例とも違うかもしれない。

とにかく、自分にとって最高の瞬間を見つけるには、時計を見ることだ。そうすればヒントが見つかるだろう。

2. これまでで最高の仕事は［　　　　　　　］。理由は、［　　　　　　　］だから。

自分の会社の経営は例外として、それ以外で私がいままでに経験した最高の仕事は、個人向けファイナンスの専門家として有名なデイブ・ラムジーのもとで働いたことだ。理由は、アメリカのいたるところでライブイベントを開催していたからだ。彼は入社3カ月の私に、アリーナで8000人の観客を前に講演をさせた。それまでせいぜい100人程度の人を前に話したことしかなかった当時の私にとって、それは最高の経験だった！

ただ、もしあなたがこれまでに最高だと思えるような仕事をしていないのなら、この質問をもうすこしひかえめに、「前の職場で一番好きだった仕事は［　　　］。」と変えてみよう。ちなみに、私がアトランタに住んでいたときの前職では、毎週水曜日にミーティングがあり、そのときどきのプロジェクトを幹部相手にプレゼンしていた。そのため、締め切りがつねに一定なので、1週間のペースがつくれるところが気に入っていた。ライブイベントと社内のミーティングはまったく違う仕事だが、それでも両方とも私のリストに入る。

3.［　　　］を見るたびに、笑顔になる。

これは答えるのが楽しい質問だ。この空欄には、人、場所、出来事のどれを入れてもいい。私は、友だちのロブ・センテルの顔を見るだけでいつも笑顔になる。彼は陽気で、ずっと一緒に笑って時間を過ごせることがわかっているからだ。また、テネシー州モンティーグルの高台にある休憩所も私をつねに笑顔にさせる。チャタヌーガやアトランタの渋滞をぬけて、あとは制限速度が70マイル〔1マイル＝約1・6キロなので、約112キロ〕になった下り坂を降り、平坦な道をまっすぐに進んでいけばナッシュビルの家に帰れるからだ。ベンチメイドのポケットナイフもそう。このナイフを見ると、私はまるで少年に戻ったかのような気持ちになり、笑みがこぼれる。

キャサリン・ハンソンは、幼い息子がこの世界を〝冒険〟しているのを見ると、いつも笑顔になるという。ある日の午後、彼女はバスから降りた息子が、あえて道路の向こう側にわたり、泥でぬかるんだ道を歩いて家に帰ろうとしているのを見た。わんぱくな息子にとって、この泥道は見逃せない冒険だったのだ。それを見た彼女は思わず笑ってしまった。だから、この瞬間をリストにくわえた。

あなたも今度自分が笑っているのに気づいたら、その理由を探してみよう。きっとそこに最高の瞬間が見つかるはずだ。

4．もし今日、自由になる時間が1時間あったら、［　　　　　　　　］をするだろう。

私はインスタグラムで、インフルエンサーが偶然見かけた困っている人にお金をあげる動画を見るのが好きだ。たとえばあるインフルエンサーは、誰かに1ドルをめぐんでほしいといってみて、もしくれたら、その親切に対するお礼として1000ドルをお返しするという動画をアップしていた。つまり、私の場合は動画鑑賞が答えだが、もしこの1時間をあなたが使えるとしたら、何をして過ごすだろうか？　ToDoリストの消化や洗濯物の片付けなど、〝しなければならないこと〟はナシだ。この時間で何を〝したい〟かを考えてほしい。あなたの心に最初に浮かんだ答えはなんだろう？

5．もし宝くじで1億6300万ドル（約230億円）を手に入れたら、自分だけではなく、［　　　　］のことも億万長者にする。

金額が具体的なのは、これが実話だからだ。２０１１年10月、デイブ・ドーズとガールフレンドのアンジェラは宝くじで１億１００万ポンド、約１億６３００万ドルを手にした。彼らは、一部を慈善団体に寄付したうえで、さらに何人かの友人と家族を億万長者にすることに決めた。「15名から20名くらいの名前をピックアップしました。いずれも私たちのことをずっと助けてくれた人たちです」とデイブは語った。[3] だからあなたも、ここでは誰とのつきあいをベストモーメントリストに入れようかと考えるかわりに、１００万ドル（約１億５０００万円）をあげるとしたら誰にしようか、と考えてみるといい。

6．自慢に聞こえるかもしれないが、自分がこれまでにあげたすばらしい功績ベストスリーは、
1．「　　　　　」、2．「　　　　　」、3．「　　　　　」だ。

ベストモーメントリストをつくるときに、謙遜したり、目立ちたがり屋だと思われることを恐れたりする必要はない。何か誇れることを達成したり、会議を成功させた帰りの車のなかで人知れずガッツポーズをしたり、パズルのピースがピタリとはまるようにプロジェクトを完成させたりしたことが頭から離れないのなら、それをちゃんと書きとめておこう。ただ、私たちは普段、自分が人生であげた功績を祝う機会がほとんどないので、最初は難しく感じるかもしれない。小児泌尿器科医のレスリー・マクイストンは、「私は母親であるとともに、医師でもあることに誇りを持っています。恥ずかしいことなんて何もありません」と語った。そもそも、なぜ母親であり、同時に医師でもあることを恥じなければならないのか、とあなたは思うかもしれない。しかしそれが世間というものなのだ。ただ、そんな狭いところに閉じこもる必要はない。堂々と自分を主張しよう。

7．スマートフォンのフォトフォルダをスクロールしてみて、「　　　」が目に入ると、いつも心を動かされる。

自分を元気づけてくれるものはなんだろう、といきなり考えるのではなく、スマートフォンのフォトフォルダを見て、自分が写真を撮りたくなる瞬間がどのようなものだったのかを確認してみよう。きっと思いがけないものが見つかるはずだ。アナリストのエリン・クラークはフェイスブックの「メモリーズ」という機能を使えば、ベストモーメントリストに加える項目が簡単に見つかることに気づいた。テクノロジーの助けを借りるのをためらう必要はない。

この7つの質問を使えば、リストづくりに十分な勢いがつくだろう。ただ、リストをさらにもっとつくりこみたい人は、JonAcuff.comにアクセスして、「リスト」という項目をのぞいてもらえば、そこにはさらに20の質問と、私が自分のリストに書きとめた30の例を載せてある。あるいはあなたのオリジナルの質問を追加してもいいだろう。

私たちの研究調査の参加者の1人であるタヒス・ブルーは、上に挙げた質問を気に入ってくれたものの、それでも「長いこと子育てをしていると、過去のすばらしい瞬間を思い出したり、新しくそういう経験を期待するのは、とても難しいんです」と言っていた。そこで彼女は、リストをつくるために自分にあった質問を2つ追加した――(1)「子どもと一緒にいて一番よろこびを感じるのはどういうとき?」(2)「夫との絆を感じたのはいつ?」。

リストを膨らませるもう1つの方法は、何かつけ加えるものがないか友だちに聞いてみることだ。私が車を選んだとき、フォルクスワーゲンGTIが好きだということをみずから発見したわけではなかったのを思い出してほしい。妻のジェニーに言われて、はじめて気づいたのだ。だからあなたも、友だちをひとり選んで、以下のようなメールを送ればいい。

> とつぜんだけど、ぼくはいま、ジョン・エイカフっていうライターが提唱してる〝ベストモーメントリスト〟っていう方法を試しているところなんだ。このリストには気持ちが明るくなるような出来事をたくさん書く必要がある。昔の思い出でも、好きな趣味でも、自分の得意なことでも、うれしくなるようなことならなんでもいい。ただ、エイカフいわく、自分の人生という〝絵〟は本人にとってはあまりに距離が近すぎて、キャンバス全体が見えないから、なかなかそうした出来事に気づかないらしいんだ。だから、ぼくの人生を一歩引いたところから見ることができる友人として、何かリストにつけ加えるべきことがあったら教えてくれないかな?

シャイなので、この方法は考えただけでぞっとする、という人も心配しなくていい。自分にあったやり方でリストをつくっていこう。私の場合、まずは最高の瞬間をノートに書き出してから、それをパソコンでワードファイルにした。手書きのほうがしっくりくるし、感覚を大事にするタイプだからだ。もしあなたが最高の瞬間を絵に描いたり、声で吹き込んでから書き起こしたり、画材を使ってコラージュしたいなら、ぜひそうしてほしい。どんなやり方だろうと、最終的に自分の本質が垣間見えるような瞬間を集められればそれでOKだ。ブライアン・ロビンソンは最高の瞬間を付箋に書いて、パソコンのキーボードのそばに貼っていった。理由は「そうすれば追加するのも、眺めるのも思いのままだし、つねに励みにもなるからさ！」だそうだ。

ベストモーメントリストというシンプルなツールの恩恵を受けたのは私だけではなかった。250人以上の人を対象に、6週間かけてその効果を調査したところ、それぞれ異なるやり方でリストづくりを進めたにもかかわらず、例外なく「効果あり」という結果が出た。参加者には最低30項目を書き出すよう指示をしたが、アイオワ州ペラで歯科医を営んでいるエリック・レッカーはその数をはるかに超えたリストをつくった。「リストは膨らみつづけて、150項目を超えました。やってみて、得るものは非常に大きかったです。私は、人生を楽しいものにするために、これまで自分を追い込み、努力を積み重ねてきました。そしてその過程で、たくさんの良い思い出や出来事を経験できました。人生は本当にすばらしい。それに、これからさらにこうした瞬間を増やしていくための方法も見つかりました。このリストはすでに人生を変えてくれましたし、人生最高の瞬間はまだこれからやってくると信じています！」。エリックは自分の可能性を具体的な目標として捉えなおした。そしてベストモーメントリストをツールとして使ってみて、その効果に驚いたようだ。

ただ、もちろんみながみな、すぐにこういう反応を示したわけではない。

ヴェロニカは「このリストをつくるのは難しかったです。というのも、私はいつも頭のなかで何かを考えていて、〝最高の瞬間〟を見逃してしまうことが多いからです」と言った。

リタは「これまで最高の瞬間をいくつか経験しているのはわかっていました。でも、自分に関することだと、どうしてもたいしたことじゃないと思ってしまうんです」と言った。

キャロルは「リストづくりは最初からうまくいかなかったです。私はそもそも悲観的な人間なので」と言った。

ただ、こうした反応が出るのも当然だ。なぜならベストモーメントリストづくりはこれまで私たちが言われてきたことと、まったく正反対だからだ。すなわち――

自慢をしてはならない

みずからが抱えるトラウマに集中せよ

未来を見定めるために前を向け

自分のことを考えるのは、利己的だ

よって、リストづくりに違和感をおぼえる人は多い。それでも、苦戦しながらもじょじょに上達していくみんなの姿を見るのは楽しかった。キャロルと最後に連絡をとったとき、彼女はリストを書き上げつつあった。「いったん進みはじめたら、楽に書けるようになりました。項目はどんどん増えてます。昨日は数カ月ぶりに会う友だちとランチをしたし、今日は孫を学校まで迎えに行って、息子が子どものころに使っていたおもちゃのトラクターで一緒に畑づくりごっこをして遊びました。たったいまも、夫と並んで座って、鳥のさえずりと滝の音に耳を傾けるという最高の瞬間を過ごしています」。こうして彼女はまたたく間に、さらに３つの項目をリストに追加した。

この作業を進めるときは、第1章でも触れた、「うるさい用心棒を頭のなかから追い出す」というコツを思い出してほしい。このナイトクラブには誰でも入場できる。一般客とＶＩＰを分けるロープも、招待客リストも、ドレスコードもない。ベストモーメントリストには何を書いてもいいのだから。

じゃあ、最高の瞬間をいくつ書けばいいのかって？　それもあなたしだいだ。目標とすべき数などないし、あるところまでいけば完成という類いのものでもない。私の場合、最初の数週間で１７０個以上書き、いまでも2日に１つくら

ベストモーメントリストづくりは、これまで私たちが言われてきたこととまったく正反対。

いのペースで増えていっている。

ただ、もしベストモーメントリストが、感謝や自己認識、マインドフルネスや幸せを教えてくれるだけだったら、これはアメリカ合衆国憲法以来の偉大な紙切れではあるが、それ以上のものではないということになる。だが、さらに時間をかけて眺めてみたところ、私はまだ自分が、このリストが持つ可能性の上っ面をなでただけにすぎないことに気づいた。

あなたは、１９９０年代に流行った、安っぽい３Ｄのポスターを覚えているだろうか？　じっと眺めていると、ヨットに乗ったユニコーンが浮かびあがってくるようなやつだ。私がリストを見ていたときに起きたのは、それと同じようなことだった――そこで浮かびあがってきた４つのポイントは、ユニコーンなんかよりはるかにすばらしいものだったのだが。

3 過去を分類して、未来を手に入れる

Conquer the Future by Categorizing the Past

私はパーソナリティ診断テストなるものに、まともに回答したためしがない。受けたことは何度もある。DISC、MBTI、FFM……。どんな種類のものだろうと、私は〝お仕事〟としてうまく回答することはできるだろう。だが、本心からの答えを書いたことは一度もない。

ただ、それはしかたのないことだと思う。きっと誰でもそうだろう。どんなに気をつけていても、〝こう答えるべき〟という配慮がどうしても入り込んでしまうものだから。

この質問には本音とは違った形で答えるべきだ。

リーダーの資質があると思われたいなら、このボックスにチェックを入れるべきだ。

昇進したければ、この選択肢を選ぶべきだ。

もっと人の意見を聞く必要があるのだから、この答えを選択すべきだ。

人は、自分の〝あるべき姿〟――しかし実際にはまだ達成できていない理想の姿――を形づくろうとして、どうしてもいくつか質問の答えをごまかしてしまうものだ。

私が受けた、とあるパーソナリティ診断テストには「自分がコメディアンになれるかもしれないと思ったことがありますか?」という質問があった。これはあきらかに「ノー」と答えるべきものだった。なぜここにコメディアンという職業が出てくるのかはわからないが、すくなくとも、この質問への回答を見た会社の幹部たちが、私の給料を決める会議で次のような会話を交わすという事態は避けたいからだ。「ジョンはコメディアンになれるそうです。本人もそう認めていますから。だから降格させるか、とりあえずトイレの横の小さな部屋をあてがいましょう」

たとえあなたが、〝自分は面白い人間だ〟などと思っていなかったとしても、あなたがどのような人間かを問う質問にはさまざまなものがあるし、それがどんな形で解釈されるかもわからない。だから、そうした質問を通じて、みずからの姿を正確に把握することは困難だ。その点、ベストモーメントリストはとても強力だ。

なぜならこれは、あなたが関心を持つかもしれないものを並べた架空のリストではない。いつか楽しめるだろうという空想のリストでもない。長年やりたいと思いながらも実行に移せなかったことのスケッチとも違う。このリストは、あなた自身の姿を切りとったスナップショットなのだ。そしてそこに並ぶ最高の瞬間が30個だろうと、3000個だろうと、じっと眺めていれば、自分の未来を示す4つのパターンが浮かびあがってくる。

私はあなたのリストに何が載っているのかは知らない。だが、すべての瞬間が以下の4つのカテゴリーのいずれかにあてはまるはずだ。

1. 経験
2. 成果
3. 関係
4. 物

この4つが長年にわたってあなたの人生の最高の時間を形づくってきた。そして、あなたがその事実に気づくのをずっと待っていたのだ。

ではそれぞれ、どのような意味を持っているのだろうか？

経験＝自分が参加した最高の瞬間

これは、たとえばハワイへの旅行のような一度きりの出来事かもしれないし、あるいは近所のお気に入りのカフェに行くというような何度も起きることかもしれない。どちらにせよ、それがはじまった瞬間から、気持ちが明るくなるような出来事だ。高校の卒業パーティーに誘わ

すべての瞬間が
以下の4つのカテゴリーの
どれかにあてはまる。

1. 経験
2. 成果
3. 関係
4. 物

ジョン・エイカフ

#AllItTakesIsAGoal

れたときのような大きなことでも、買ったばかりの新しい本の匂いをかいだときのような小さなことでもいい。みんなきっと新しい本の匂いをかいだことがあるはずだ。ただ、忘れているだけ。それだって1つの経験なのだ。

成果＝自分が努力によって達成した最高の瞬間

これは、あなたが達成した目標や仕事のこと。本の出版契約書にサインするのもそうだし、早起きして渋滞をくぐり抜け、アトランタまで通勤するのもそう。昇給を勝ち取るのも、金曜日の午後にオフィスを掃除して、翌週月曜日の朝の準備を整えるのも、ジムに行くのもそうだ。大きい小さいに関係なく、そこにはつねに達成感がある。

私は自宅の近くで、ナッシュビルにはまずいないハクトウワシを見かけたことがあるが、これは〝経験〟だといえる。これを実現させるために努力したわけではないからだ。だが仮に、バードウォッチングのクラブに入って、アメリカシロヅルに関する本を読み、他の州まで行って、渡り鳥の習性を観察したのだとしたら、それは〝成果〟だろう。

関係＝自分以外の人のおかげで最高になった瞬間

これは、誰かとの交流によって生まれる最高の瞬間のこと。もしその人がその場にいなかったら、その出来事はリストに入らなかったはずのものだ。たとえば、毎週水曜日の夜に友だちとディナーに出かけるのは、〝関係〟の瞬間だ。もしひとりで行ったとしたら、いつもと同じレストランでも、これは最高の瞬間にはならないだろう。だから、この場合、一番重要なのは人なのだ。あなたが挙げた最高の瞬間に、誰かが関わっているのなら、それは〝関係〟に分類できる。

物＝自分が最高だと思っている物

これは、ほかの3つとはすこし違う。要するに、笑顔になれるようなアイテムということだ。買ったばかりのランニングシューズ。旅行を快適にしてくれる、お気に入りのノイズキャンセリング・イヤホン。おつかいをすませたあと、駐車場に戻るときにウキウキしてしまうような車。仕事に集中するために使っているタイマー。これらはすべて〝物〟にあたる。

自分の書いたリストをざっと見直してみてほしい。どの項目も上記のカテゴリーのどれかにあてはまるはずだ。私はいままで数百人の人の何千もの最高の瞬間を見てきたが、例外はなかった。この4つの分類は完璧なのだ。

では、なぜこうした分類をする必要があるのか？　これらのカテゴリーについて理解することで、ベストモーメントリストは、過去の作業記録から未来のためのツールに変わるからだ。まるで、お気に入りの料理のレシピがわかって、これからは自分の手で何度でもつくれるようになるかのように。

このことに気づいた私は、自分のリストの項目を分類していった。

ユタ州でひとりでスキーをした日のこと＝経験

ひとりでスキーをしたのだから、〝関係〟ではない。何かを成し遂げたわけではないので、〝成果〟でもない。もし、アプリで測っていた滑走距離が記録を更新したから記憶に残っているというなら〝成果〟かもしれない。だが、この出来事をリストに書いたのはそういう理由ではない。そして、私はスキー場のオーナーではないので〝物〟でもない。だから、スキーは〝経験〟だ。

庭の道に子どもたちの乗る車のヘッドライトが見えたときのこと＝関係

あなたは自分の子どもに車の運転を教えたことがあるだろうか？　私はある。ぞっとするような経験だった。これから時速70マイルで高速道路を走ろうとしている3000ポンド（約1360キログラム）の鉄の塊について、娘があまりに無知なのに驚いたのだ。そしていま、家の窓から、友だちの家に遊びに行っていた娘の乗る車のライトが見えるというのは、無事に戻ってきた証拠。私にとって、間違いなく最高の瞬間だ。

アイデアをメモしたノートを最後まで使い切ったこと＝成果

紙で作業をするタイプの人に聞きたい。あなたはこれまでにノートを最後のページまで使い切ったことがあるだろうか？　私はある。すごく達成感があった。いつものように最初の20ページだけばっちり書き込んだところで、新しいノートが欲しくなって放り出してしまうのではなく、今回はちゃんと1冊使い切った。何かに手を付けても、いつも中途半端でやめてしまうという悪癖をなおして、ちゃんと最後までやりきれるようにするために、わざわざ『ＦＩＮＩＳＨ！　必ず最後までやり切る人になる最強の方法』（ダイヤモンド社、２０１９年）という本まで書いた人間にとって、これは本物の〝成果〟だといえるだろう。

末っ子と一緒にドーナツ食い競争に参加したこと＝関係

あなたはこれまで、４つのドーナツを食べながら、１マイルを全力疾走したことがあるだろうか？　しかもそのドーナツは、スーパーで売っている、安っぽくてもっさりしたシロップたっぷりの、思い出すだけで口のなかがベタベタしてくるようなしろもの。私が参加したドーナツ食い競争が、まさにそれだった。あまりにひどかったので、その後1カ月はドーナツを食べられなくなったほどだ。じゃあ、なぜこれがベストモーメントリストに載ってるかって？　それは娘のマクレーと一緒だったからだ。

十分な準備をしてミーティングに臨んだこと＝成果

ミーティングは私のベストモーメントリストに何度も登場した。たとえばリストの１３２番には「ミーティングが早く終わった、もしくはキャンセルになったとき」とある。これは15分でも30分でも自由な時間を取り戻せると、ほっとするからだ。ただ、私は基本的にミーティングが苦手だが、十分な準備をしたうえで臨むのは好きだ。とくに想定される質問に答えを用意しておくのは楽しい。これは〝成果〟だろう。

ここまで読んで、私が自分のリストの項目をさしたる苦労もなく分類したように見えたかもしれない。じつのところ、これは本当に簡単なのだ。ベストモーメントリストほど、自分が大切に思っていることをはっきりと自覚できるツールはほかにない。〝物〟を見分けるのは簡単だ。お気に入りのエアジョーダンを〝成果〟と取り違えることはありえない。また、〝関係〟も見分けやすい。そこに自分以外の誰かがひとりでも出てくれば、それは〝関係〟だ。〝成果〟と〝経験〟はちょっとまぎらわしいが、その瞬間において自分の努力が主役なのか、脇役なのかで決まってくる。ただのハイキングは〝経験〟だが、そのコースを自己最高記録で登り切ったのであれば〝成果〟だ。友だちと一緒に登ったのなら〝関係〟になる。道中で拾って机の上に飾った松ぼっくりは〝物〟だ。

ちなみに、わざわざ「経験・成果・関係・物」と書く必要はない。リストをざっと見ながら、項目の横に「け・せ・か・も」と頭文字を書き込んでいって、各分類の合計を出せばいい。私の場合、以下のようになった。

成果　61個
経験　59個
関係　35個
物　　15個

この結果から、いくつかのことが見えてくる。

1．自分で思っていた以上に、成果を大切にしている

私は子どものころからよく教会に通っていたが、そこでは、何かで成功するのはあまり良いことではないとされていた。成果は誇るものではなく、むしろ恥ずべきものである、と。あなたのいる環境はこれとはすこし違うかもしれない。それでもこの国の文化は成し遂げたことを誇るのをあまりよしとしない。ネットに自分が達成したことを書き込めば、すぐに「#自慢おつかれさま」というタグをつけられてしまう。みな、人の失敗談は大好きで、ソーシャルメディアでもそうした投稿はウケる。逆に、誰かがうまくいっていることを素直に祝福しようとはなかなかしない。

だが、自分のベストモーメントリストを見直してみると、そこには本音が現れているといわざるをえない――つまり、何かを成し遂げるのが、私にとってモチベーションの源であるということが。エニアグラム〔人の人格を9つのタイプに分類する分析法〕のような有名なパーソナリティ診断テストでは、私は7番の「快楽主義で外交的な熱中者」と判定されていた。だが、本当の自分について思いを巡らせて、ベストモーメントリストなどの方法を通じて深く探っていったところ、どうやら自分はむしろ3番の「達成者」なのではないかと思えてきた。私は意欲的だし、野心家でもあるからだ。これはそもそも、私が目標達成にとりつかれている姿をよくからかう友人たちからすれば、火を見るよりあきらかなのかもしれない。だが、自分が成果を大切にしているという事実をはじめて自覚したとき、私は驚いた。

2. 自分にとって関係は大切だが、あまりモチベーションにはならない

私が挙げた最高の瞬間のなかで、ほかの人が関わっているのはたった2割しかなかった。どう考えても私は一匹狼ではなく、人が好きだ。だがどうやら、自分で思っていたよりもずっと内向的なようだ。ややこしいのは講演者という仕事で、これは一見外交的な活動に思えるが、よくよく考えてみるとそうではない。たしかにスピーチをしているとき、観客はみな私を見ているかもしれない。しかし、マイクを持っているのは私だけだ。私はひとりでステージに立ち、そ

の場を完全にコントロールしている。バンドを組んで、メンバーとともにその場で何か新しいものを生みだしているのとは違う。私にとっては、ひとりで90分の基調講演をするよりも、5人のプレゼンターを相手に20分のパネルディスカッションをするほうがはるかに難しく感じる。パネルディスカッションはほかの人とのやりとりが必要とされる、まさに外交的な活動だからだ。つくったリストを見て、私は、自分がつくづく内向的な人間なのだと思い知らされた。

3．物は自分にとって、ほとんどなんの役にも立たない

私は、何か物をご褒美にして目標達成に向けて努力しようとしてもうまくいかず、途中でモチベーションを失ってしまうことが多いのだが、それはおそらくこのせいなのだろう。たとえば、数年前に高級車のポスターを買った（ポスター自体もいいお値段だった）。それを、何十ものピースに切り刻み、ビジネスでの目標達成の指標にするつもりだった。仕事で数字が挙がるたびにホワイトボードに1つずつピースを貼り付けて車を元の姿に戻していく。そして完全に目標を達成して、最後のピースをはめたときに、車を買う。そんな心づもりだった。しかし、実際にはそのポスターは、まだ筒のなかで丸まったままだ。結局のところ、物に興味がないので、何ひとつ行動に移さなかったのだ。こういうわけで、私のベストモーメントリストのなかで〝物〟が占める割合は、1割にも満たない。

4．ソーシャルメディアは一度もリストに入らなかった

〝入っていないこと〟に驚かされるのも、ベストモーメントリストの面白いところだ。私は最高の瞬間を170個以上書き出したが、そのなかにソーシャルメディアに関するものは1つもなかった。では、なぜ私は週に7時間もインスタグラムに費やしているのだろう？　自分が価値を認めていないことに、仕事のほぼ1日分に値する時間を割くのはおかしいのではないか？

あなたもリストを見直してみてほしい。そこに載っていない〝関係〟はなんだっただろう？重要ではなかった〝経験〟は？　持っているはずなのに、あまりうれしくない〝物〟は？　リストに入らなかったのにどうしてそうしたものが、あなたの人生に残っているのだろうか？

ただじつのところ、この本を読んでいる人の多くが、このリストを分類・集計するという作業をしないだろう。気持ちはわかる。私だって、ただ好奇心で手に取っただけなのに、まるで何かのクラスにでも申し込んだかのように、何十ものタスクを課してくる本は好きではない。本のフリをしているのに中身は問題集というのもいやだ。だが、この本はそうしたものとは違う。ベストモーメントリストをつくって、分類することで、それは思い出のつまったメモ以上のものになる。この先の未来に自分の可能性を広げていくための、基礎をつくることができるのだ。

注意事項と約束

私は、自分の研究への参加者や、講演会のお客さん、あるいはこの本の内容にすこしでも興味を持ってくれた人に、ベストモーメントリストのつくり方を教えてみた。すると思いがけないことが起きた。みな、すぐにコンセプトを理解してくれたものの、実行に移すのをためらう人がかなりの数いたのだ。要はこれまで、仕事での欠点や、家庭での問題、学業面の弱点に集中するよう言われつづけてきたため、人生における最高の瞬間や、小さくとも個人的に達成したことを探すという行為に抵抗をおぼえるわけだ。

これはあなたの身にも起こるかもしれないので、前もって注意しておく。この旅への第一歩を踏み出そうとしたときに、ドアの前にドラゴンが立ちふさがっているのに気づいたら、まずはそれをどうにかしたほうがいい。あなたにベストモーメントリストをつくる資格があることは、私が保証しよう。そして実際につくってみたときに、何が起きるかも私は知っている。過去から集めた最高の瞬間の数々は、あなたの現状を変え、未来の計画を立てるのに役に立つのだ。間違いなくそうなることを約束しよう。

最高の瞬間というのは、あなたのビジョンと現実が重なった瞬間であり、自分がこうありたいと思う人生が実現した瞬間であり、なりたい自分になれた瞬間だ。要するに、夢がかなった瞬間だといえる。すべての最高の瞬間に共通するのは、現実が思い描いたとおりになるということだ。

それどころか、ときには現実がビジョンを超えることもある。たとえば私は、自分のベストモーメントリストに載っている、太平洋を一望するコスタリカのオープンエアのレストランからの絶景を〝想像〟することもできただろう。だが、それは本当の美しさにはとうていおよばない。たとえインターネットで写真を見たとしても、それは同じだ。仮にいまここで、その港に浮かぶ島がどんなふうに見えたかや、ジャングルに生い茂る木の枝の上をリスザルの家族が通りすぎていく姿がいかに印象的だったかを説明したとしても、やはりそのときの感動は伝わらない。その瞬間をつかまえられるのは現実に経験したときだけなのだ。「その場にいなきゃわからない」という言葉はこういうときのためにある。

そしてあなたも、過去に最高の瞬間を経験したとき、たしかにその場にいた。あなたはこれまでに何十、あるいは何百もの、時間の流れが止まって感じられるような瞬間を――思わず足を止めてたちつくし、その場を決して離れまいとするような瞬間を経験してきた。

誰もがそうした経験を持っている。人はみな、最高の瞬間を味わったことがある。

だが同時に、自分の未開拓の可能性がもたらす、胸のうずきも感じたことがあるはずだ。なぜ胸がうずくのだろう？

それは可能性というのはビジョンと現実のあいだに横たわるギャップ――つまり、自分が思うような人生に、まだなっていない状態を意味するからだ。

だがいいニュースがある。可能性というものは決してムダにはならないのだ。なくなってしまうこともなければ、消してしまうこともできない。

なぜか？

あなたは〝ドングリ〟ではないからだ。

年寄りくさい話だが、私はドングリを見かけたらつい拾わずにはいられない。雨が降ってきたら「めぐみの雨だ」、何かを持ち上げるときに重くもないのに「よっこらしょ」、何かを待っているときに自分の後ろに行列ができたときには「いやー、ギリギリセーフだった」と言ってしまうのと同じように。

可能性というのはビジョンと現実のあいだにあるギャップのこと。

ドングリを拾わずにはいられないのは、それがまさに可能性の象徴だからだ。たった半オンス（約14グラム）の重さしかないドングリに、80フィート（約24メートル）の樫の木がつまっている。この1インチ（約2.5センチメートル）の実が、1万ポンド（約4500キログラム）の木材になる。小さな種のなかにログハウスがあるようなものだ。手のひらいっぱいのドングリなら1つの森にも相当する。数百個を拾い集めれば、アパラチアン・トレイル1マイル分の緑ができる。

ただし、ドングリの持つ可能性がいくらすさまじくても、それは一時的なものだ。ドングリは数カ月、あるいはときには数年もつが、時期が過ぎれば、その可能性は失われる。すると、もうドングリを生き返らせることは不可能だ。どんな方法も、技術も、目標も、決意も、そのなかに眠っていた可能性をよみがえらせることはできない。ドングリは終わってしまったのだ。

だが、あなたはドングリではない。

あなたの可能性はダメにはならない。終わることがない。修復不可能なまでに傷ついてしまうこともない。だが、なかったことになってしまうことはある。あなたが気にかけないかぎり、数カ月でも数年でも、それこそ一生でもだ。だが、そこに目を向け、取り組む気持ちがあれば、いつでも可能性は使うことができる。

あなたは明日にでも、新しい森づくりをはじめられる。すぐにでも可能性という宝箱を開けることができる。決心ひとつで、なりたいはずの、なれるはずの自分に、近づいていくことができるのだ。

ベストモーメントリストはそのための最初のツールといえる。だが、そろそろ過去を超えて、前に進むときがきた。いまを生き、未来の勝利をつかむときだ。そのためには、いままでに出会ったなかでもっとも手ごわい相手と向き合わなければならない。

> あなたは明日にでも、新しい森づくりをはじめられる。

4 変わるのが大嫌いなあの人をだます

Trick the Hardest Person to Change

私が毎日向きあっている、もっとも手ごわい相手とは誰か？　それは自分自身だ。

もし数百ドルを払って、週に数時間ジム通いをすれば、長生きできるはずだ。これはすばらしく割りのいい投資といえる。だが、たいていの日はジムに行く気になれない。

もし毎日執筆活動をすれば、たくさん本を出版できるだろう。そうすれば子どもたちも奨学金を使わずに大学に行ける。だが、みずから進んで書きたいと思うことはまずない。

マメに友だちに連絡をとって、お互いに落ち込んでいるときには励ましあっていれば、深くて長いつきあいができるだろう。ハーバード大学の研究者たちによる、80年ちかくにわたる研究の結果、社会的な孤立は「早期死亡リスクを50パーセントから90パーセント引き上げる要因となっている」[1]ことがあきらかになっている。だが私はそれを知っているにもかかわらず、ほとんどの日をひとりで過ごし、誰かからメールではなく電話で連絡があると、イライラしてしまう。

ちゃんと歯を磨いてフロスをすれば、虫歯を治療しなくてすむのはわかっている。でも、毎日めんどくさくてしかたない。

小さな努力の積み重ねが、大きな結果をもたらしてくれる——長寿を、子どもの大学の学費や引退後の資金を、固い友情を、健康な歯を与えてくれるのは知っている。しかし、そうした事実も自分の行動を変えてはくれない。ベストモーメントリストをつくったことで、私は自分の持つ可能性について思い出すことができた。しかしそれでも、何かを続けるのが苦手なのは変わらない。インスタグラムの自己紹介欄に「モチベーションをアップさせる講演者」と掲げているにもかかわらず、じつのところ毎日のように、自分のモチベーションを高めるのに苦労しているわけだ（これは聞かなかったことにしてほしいのだが）。

理由は単純で、私はめんどうなことはやりたくないのである。だって、めんどうだから。ジムに行かない、本を書かない、友だちづきあいをしない、フロスをしない。そのほうがぜんぜん楽だ。意志の力や根性、自制心をかき集めれば、1週間か2週間は持ちこたえられるかもしれない。だが最後には、止めたほうがいいと自分を納得させてしまう。

自分自身こそが、私にとってもっとも説得力のある人間なのだ。誰かから「あなたの行く手を阻んでいるのはあなた自身なのよ」と言われると、「わかってるよ。でもあいつは手に負えないんだ」と言い返したくなる。

あなたという人間は、
あなたが出会ったなかで
もっとも
説得力のある
相手

ジョン・エイカフ　#AllItTakesIsAGoal

もしあなたの友だちで、「自分の可能性を最大限に活かしたい」と口では言いながら、アドバイスをまったく聞かないやつがいたら、イライラするだろう。何カ月も、場合によっては何年も、「よし今日がスタートだ」と言いつつ、実際にはあなたの提案をはねつけつづける友だちがいたら、腹が立つはずだ。

私は、もし自分がクライアントだとしたら、とうの昔に「もうこないでくれ」と告げているだろう。恋人候補だとしたら、急ぎの電話がかかってきたフリをして最初のデートの日に逃げだすだろう。つまり、もし自分が自分でなければ、こんなめんどくさいやつとわざわざつきあったりしない。だが、自分である以上、つきあわないわけにはいかないのだ。私はこんな人間でしかありえない。あなただってそうだ。自分という人間はひとりしかいない。

新たな最高の瞬間を生み出す過程は、単純であたりまえの作業の積み重ねだ。だから、自分の行動を変えようというモチベーションが湧いてこない。もしそうでなかったとしたら、私はめんどくさがりな自分を気にせずにすんだのだが。要は、自分の可能性をフルに発揮する過程が、めんどくさがる暇もないほど複雑な道のりならよかったのだ。だが実際は違う。

あなたが本を出したいと思っていたとする。実際に出版された自分の本を手に取った瞬間は、まさに最高だろう。だが、そこに至るまでには、あきらかに踏まなければならない手順がある。運動をしてエンドルフィンを出して爽快な気分になりたい。これは日々味わえる最高の瞬間だが、そのためにとるべき手段は山のようにある。人生のプラスになるようないい友人とつきあって、絆を感じるという最高の瞬間を手に入れるには、当たり前の行動が必要だ。私たちが人生で成し遂げたいと思っていることの大半は、じつは神秘的でもなければ、複雑でもない。

ほとんどすべての目標について、達成のためにやるべきことはわかっている。だが、そこにビジョンの壁以上にやっかいな2つめの壁が立ちはだかる。それは〝頑固な自分〟、つまり、変化を嫌う気持ちだ。これは信じられないほど強い。私はこれまで、自分を奮いたたせようとベストをつくしてきたが、結果はいつも同じだった――短期間ならうまくいくが、その後、長い間、無気力状態に陥ってしまうのだ。

こんなやり方を私は40年間も続けてきた。なんと言ったらいいやら……。きっと〝何かがうまくいかないことを確認する〟のが好きなのだろう。前にも言ったように、私は奥手だ。自分に可能性があると気づいたのは30代に入ってからだったし、それを開花させようと実際に動きはじめたのは、あのオーガスタの空港から――すなわち、40代も半ばになってからだ。

つまり、私はいつもパーティーに遅れてしまう。しかし、いったん到着すると、喜々としてみなに道を教えはじめる。どの道を行けば一番早くたどりつけるか、避けるべき障害物はどこにあるか、私自身が苦しみのなかでつかみとった、不要な苦労を避けるための教訓、などなど。そうしたことのすべてを、できるかぎり小さくてシンプルな〝招待状〟につめこんでお届けする。あなたもパーティーにたどりつけるように、こうして本の形にして。

そして、自分のベストモーメントリストを眺めつつ、何か見落としたものがないか考えていたとき、私の脳裏を15年ものあいだ思い出しもしなかった出来事がふいによぎった。とつぜん〝ゲーム〟がはじまったのだ。

革命はブログにつづられる

2008年、私は自身3つめとなるブログをはじめた。とくに何かをもくろんでいたわけではなく、戦略もプランもなかった。思いついたくだらないジョークを披露してみたくなっただけで、しかもそれも、もともとそうしようと思っていたわけではない。とにかく、飽きて、やめたくなるまでの数週間、ためしにブログをやってみようと思っただけだ。私は20の記事を書き、100人の友だちにメールでURLを伝えた。それで何かが起こるなどとはこれっぽっちも思わずに。

しかし8日後、4000人がブログを見にきたのだ。

どうしてこうなったのかをお伝えできればいいのだが、残念ながらそれは無理だ。何かを〝バズらせる〟方法を知っているという人がいたとしたら、それはあなたにその方法を売りつけようとしている輩《やから》だけだろう。デザインはつたなく、URLにはタイプミスがあり、記事の方向性も定まっていないブログが、なぜか勢いを得ていた。そして数週間後、私はアクセルを思いきり踏み込むことにした。生まれてはじめて世の中のカーテンの裏側をのぞきこみ、そこに隠されていた強烈な真実を知ったからだ。すなわち「これはただのゲームにすぎない」のだと。

駒の配置とほかのプレイヤーたちの動向を観察しているうちに、この〝ブログゲーム〟で勝つのに何が必要なのかがわかってきた。また、それ以上に、スコアカードにはっきりと数字が出てくるので、眺めていて楽しかった。グーグル・アナリティクスで自分のブログのアクセス数があがっていくのを見るのは気分がよかったし、アクセス元の国のリストが増えていくのもうれしい。読者からくるたくさんのコメントも楽しんで読んだ。ブログは私の人生に日々、小さな勝利をもたらしてくれた。それはあとから振り返って気づくのではなく、まさにリアルタイムの最高の瞬間であり、もっともっとこの時間を味わいたいと思った。

ゲームに勝つのは楽しい。そして勝つために必要なのは、目標を見据えつつルールに身を任せることだけ。やることは本当に単純だ。書けば書くほど記事は増える。記事が増えれば、読者が増える。記事のリンクをシェアすればするほど、ブログを訪れる人が増える。人が増えれば、コメントも増える。コメントに返信すればするほど、読者との交流も増える。

すべてが当たり前のことだと思った。私は映画『マトリックス』のように、とつじょとしてこの世界の真の姿を理解した。飛んでくる弾丸は、リアルではなく、ただのコードにすぎないのだ。

ただし、もし私が最初から、あの〝頑固な自分〟に「君は200万ワード分の記事を書かなきゃいけない。朝5時に起きて作業を開始しろ。テレビを見るのはよせ。そうすれば記事に集中できる。連絡をとるべきブロガーたちのリストをエクセルでつくるんだ」と言ったとしたら、すぐさま「いやだね」という答えが返ってきただろう。

あるいは、「とにかく真面目にコツコツと取り組めば、最後にはナッシュビルに引っ越せるし、本も9冊出せる。レンジローバーのイベントでミュージシャンのワイクリフ・ジョンと一緒に講演もできるし、自分のアイデアを世に発表することで、子どもたちを大学に通わせることもできるんだ」と教えてあげたとしても、〝頑固な自分〟はパニックを起こすだけだっただろう。ブログにくだらないことばかり書いていたころの自分が、そんなプレッシャーや期待に応えられるわけがない。

しかし私はそうはしなかった。かわりにただ、ゲームをした。ゲームをするのは簡単だ。

誰でも、すくなくとも18歳になるまではゲームをする。人はみな、2本の足で歩きはじめる前からゲームの遊び方を覚える。いないいないばあ、かくれんぼ、鬼ごっこ。小学校では先生がゲームを通じて単語の読み方を教え、中学校では部活のコーチがゲームを使って部員たちのモチベーションをあげる。高校でもゲームをすると、みんないきいきする。

最近、私は講演会を主催したのだが、開始時刻は〝午前3時半〟だった。もちろん普通はそんな時間からはじめたりしない。だが今回は普通のイベントではなかった。これはある種のゲームだったのだ。

いまから数年前、高校生の子を持つ親と教師たちは、卒業式の夜が若者にとって非常に危険であることに気づいた。10代の交通事故は、4月から7月にかけて――つまりプロム〔高校で学年の最後に開かれるダンスパーティー〕から7月4日の独立記念日にかけて――増える傾向にあり、その真ん中に卒業式がある。1年を通してすべての夜を安全にすることは難しいが、とくに危険なタイミングに焦点をあてることはできるだろう。

そこで、「飲んだら乗るな」という標語のポスターを増やしたり、脇見運転の注意喚起をする集会を開くかわりに、私たちはゲームをすることにした。〝プロジェクト・グラデュエーション〟と題したこのイベントは、卒業式が終わったあとの学校で、そのままオールナイトで開催される。夜の10時から翌朝の5時まで子どもたちを楽しませ、賞品でもてなす。18年の人生で最高潮の瞬間を迎えた何百人もの卒業生たちを、そのまま夜の街に解き放つかわりに、学校側が思いつくかぎりのクレイジーなゲームをつくって彼らを招待する。私は賞品を配るのを手伝ったが、午前3時半のティーンエイジャーたちは、とてもフレンドリーだった。

これはまさにゲームの効果だ。

ゲームで遊ぶのは、「自分の可能性を最大限に発揮する」よりもはるかに簡単だ。この言葉を聞くだけで、怒った校長に部屋に呼びだされて「君は自分の可能性をムダにしているぞ！」と説教されたのを思い出す人も多いだろう。それに目標によっては、その達成に自分の存在すべてがかかっているような気分にもなりかねない。また、本を書く、ビジネスを立ち上げる、体型を整える――こうした目標には、身体的・精神的負荷がつきものだ。だが、ゲームはゲームにすぎない。遊びだし、浮き沈みがあるのも当然だ。ゲームというのはそういうものだから。

そしてゲームを使えば、ペースをつくるのも簡単だ。何かを継続するのはしんどいものだ。意志の力も自制心もしんどい。ではしんどくないものは何か？　ゲームだ。とくに、勝てば本気で興奮できて、新たな最高の瞬間を約束してくれるゲームがあれば、集中するのはより簡単になる。インスタグラムで時間をムダにしないように、拳を握りしめて1週間我慢する必要はない。そんなこと目に入らなくなるくらい、面白くて大好きなゲームを見つければいいだけだ。そんなゲームがあれば、ほかの〝時間泥棒〟に気を散らされることはなくなる。

私が朝5時に起きてブログを書くようになったのは、なにも俳優のマーク・ウォールバーグのように勤勉だからではない。ただ、寝ている場合じゃないと思うほど、それが楽しかったからだ。楽しいゲームは、無理にプレイしようとする必要はない。それ自体が磁石のようなもので、気づけばそこに引き寄せられているからだ。

1970年代に、心理学者のミハイ・チクセントミハイは論文が合計で7万ページにもおよぶ長い研究のなかで「集中力や創造性、満足感は自宅よりも職場において発揮される場合が多い」[2]ことを発見した。月曜日の朝に仕事に行くのがいやで、職場を悪者扱いし、バーでは〝日曜日の夜の憂鬱〟をやわらげるためのスペシャルドリンクが提供されるこの世の中で、なぜこんなことが起こりうるのだろうか？

「見逃されがちなのは、仕事というものが、私たちが日々おこなっているほかの多くのことよりも、ずっとゲームに似ているという事実だ」[3]とチクセントミハイは言う。仕事では、明確な目標があり、みなが合意したルールがあり、フィードバックももらえるし、自分のスキルを使った課題解決を促す環境も整っている。要するに「仕事は（通常の報酬のほかに）、まるでゲームのようにその作業自体のやりがいによってフロー状態をもたらす活動と同じ仕組みを持っている場合が多い」[4]のだ。この説明はチクセントミハイの「フロー状態」という概念を、「可能性」に置き換えても成り立つ。つまり、ゲームは〝最高の瞬間〟の実現を容易にしてくれる仕組みなわけだ。

私が仕事の面で、短いあいだとはいえ自分の可能性を開花させることができたのは、ほかの人がプレイすべきゲームを用意してくれたおかげだ。毎日オフィスに行って、私はホーム・デポ社〔住宅リフォーム・建設資材のチェーン店〕やステープルズ社〔事務用品のチェーン店〕や、オートトレーダー社〔新車・中古車の販売業者〕の仕事をゲームとしてプレイした。もちろん仕事は仕事なので、楽しいことばかりではなかったが、それでも、こうした会社で働くなかで最高の瞬間をいくつも経験できたのは、そこにゲームがあったからだ。

そして、私がブログを通じて自分の可能性にしっかりと向き合えたのは、それがはじめてみずからの手でつくったゲームだったからだ。「なぜ自分はこの目標のためにこんなに頑張れるんだろう？」と自問自答してみて、はじめてこのことに気づいた。

このときまで、私は人生を惰性で生きてきた。宝の持ち腐れを絵に描いたような人間だったのだ。社会に出てからの最初の12年間で、8つも仕事を変わった。雇ってもらえるだけの人間的な魅力はあったが、すぐに飽きては辞め、次の仕事を探す。名刺のインクも乾かぬうちに辞めてしまうのだから、キャリアに勢いがつくわけもない。

人間関係もうまくいかなかった。彼女と一緒に、未来の義理の父をレストランに誘って、結婚の許しを請うたときも「ダメだ」と断られてしまった。あんなに気まずい時間はなかった。イーグルスの『ならず者』という曲がジュークボックスから流れていて、それがそのときの会話と妙にマッチしていたことを、義父はいまだに覚えているそうだ。時は流れ、彼女と結婚して22年が経ち、私と義父はいまではすばらしい友だちになった。そして、ティーンエイジャーの娘ふたりを持つ身になってみて、義父の考えがよくわかる。あのとき、「ダメだ」と断ったのは100パーセント正しかった。なぜなら当時の私は、自分が向かうべき方向すらわかっていなかったのだから。

こうした経験と経緯を経て、私はブログをはじめるにいたった。では、うまくいったのはなぜだろう？　ブログをはじめて15年が経ったいま、この質問に答えるのはとても難しいが、思いきって自分の可能性に踏み込んだ結果、人生の軌跡が大きく変わったのは間違いない。さらにいえば、ブログの執筆をゲームに変えることで、めんどくさがりの〝頑固な自分〟をだましてこれほどの膨大な量の仕事をさせることができたのだから、ほかの分野でも同じことが可能

ゲームは“最高の瞬間”の実現を容易にしてくれる。

なのではないか、とも思った。

あるいはほかの人たちは、すでにそうしているのか？

のちに、どちらの答えも「イエス」であることがわかる。

生産性をあげるのにもっとも有効な仕掛け

ダラ・シューラーの子どもたちは、家事の手伝いや宿題をしたがらない。「こんなに言わずもがなのことが書いてある本は初めてだ」「したがる子どもがどこにいる？」と思った人も多いだろう。私の娘たちも、どうやら食器洗い機が見えないほど目が悪いようで心配になる。シンクからせいぜい50センチも離れていないところに置いてあるのに、彼女たちは汚れた食器を食洗機にどうしても入れようとしない。いちおうシンクに皿を積みはするので、まったく目が見えていないわけではないようだが、あと50センチ先が視界に入らないようだ。レーシックでも受けさせるべきか。

冗談はさておき、ダラは「家族の一員として自分の部屋は自分できれいにしなさい」と言って、子どもたちを〝しつける〟こともできるだろう。「学校で勉強するのがあなたたちの仕事。宿題はその仕事の一部でしょ」と言って、義務なのだとさとすこともできる。あるいは「私は一日中働いて、毎晩夕食をつくってるの——だからお風呂をすこし片付けてほしいって言ってるだけなのよ」と、子どもたちの良心に訴えることも可能だ。だが、どれを試してみたところで、きっと効果は長続きしない。

そこで彼女は、これまでに発明されたなかでももっとも効果的な、最高の仕掛けを使った。すべてをゲームにすることだ。

具体的にはどうやったのか？　それはダラ自身に語ってもらおう。

「1枚の大きな紙にいろいろな家事や宿題、それに遊びを書き出していくの。そして、1つ1つ上から付箋を貼って、見えないようにする。子どもたちは中身がわからない状態で付箋をはがして、出てきたことをやる。2回連続で家事をやらなきゃいけないこともあるし、2回連続で遊びを引き当てることもある」。この紙に書かれた項目はランダムだ。「『ママとハイタッチをする』とか、『ジャンピングジャック〔その場でジャンプしながら両手を頭の上で打ちあわせる運動〕を20回やる』みたいな項目を入れることもあるわ。子どもたちはこのやり方を気に入っているし、私も悪者にならずにすむのよ。だって、何かをしなさいって私が言うわけじゃなくて、紙に書いてある通りにしてるだけだから」

ダラはこれをただの工夫だと言うかもしれない。だが実際には、これは見事なゲームだ。見た目にわかりやすく、シンプルで、驚きがある。脳が好む偶然の要素も入っている。ドーパミンは俗に〝幸せホルモン〟と呼ばれるため、何かいいことが起きたときにたくさん分泌されると誤解されているが、実際には違う。「ドーパミンが活性化するのは喜びに対してではない。ドーパミンは予期せぬ出来事――つまり、可能性と期待に反応して活性化する」[5]

ドーパミンを呼び起こすのは、科学者が「報酬予測エラー」と呼ぶものだ。1時間半かかると思っていた会議が30分早く終わったとしたら、〝予測が外れた〟ため、ドーパミンが一気に放出される。今月の営業の歩合報酬が思ったよりも多いときも、ドーパミンが出る。雑用が書かれていると思って付箋をはがし、そこに「好きなテレビでゲームを15分プレイする」と書かれているのを見つければ、ドーパミンが出るわけだ。

ドーパミンは、科学者が「報酬予測エラー」と呼ぶ現象によって、呼び起こされる。

また、自分の可能性を引き出すときにも、これと同じことがつねに起こる。なぜかといえば、そうしたときに、自分の予想通りの展開になることなどありえないからだ。はじめて本を書いたとき、私は、その海外版が郵便で送られてきて、それが自分の最高の瞬間の1つになるなんて思いもしなかった。「自分の書いた本がロシア語に翻訳されて、表紙には、歌を歌いながら山に登っているロブスターが描かれるにちがいない」などと思うほど想像力のたくましい、うぬぼれた著者などいるはずがない。だが、実際に、まさにそれが起きたのである（ちなみに「歌いながら山に登るロブスター」というのは〝ありえないこと〟を意味するロシアのことわざで、アメリカの「豚が空を飛ぶ」に相当するフレーズだ）。

人が自分の可能性を追求するとき、そこにはつねに驚きがある。「ドーパミンを活性化させるのは、この〝幸せな（予測）エラー〟だ。自由になる時間やお金が増えることよりも、予期せぬ朗報による驚きこそが本質なのだ」[6]。こなさなければならない家事を、ゲームに変えて楽しむ。この方法は子どもだけでなく大人にも有効だ。

うまくいくはずがなかったのに、うまくいった

エイプリル・ベーコンは（ありがたいことに、これは本名だ）、家事よりもはるかに難しい課題を抱えていた。彼女は23歳の若さで、14人の部下——しかも全員が50歳以上——をとりまとめる立場になったのだ。「彼らは、私の存在自体に腹を立てているみたいでした」とエイプリルは率直に語る。

エイプリルの年齢だけでなく、その任務もまた、部下たちをいらだたせた。彼女は、すべてのプロジェクトをオートメーション化して、社員の職務内容を変えるのみならず、可能ならば人員を減らすために雇われていたからだ。しかも会社は、彼女の仕事の進捗を測るために、週ごとにスコアカードの記入を課した。そこには、部下たちが電話をしていた時間や、文書を作成するスピードなどの項目が並んでいる。これはまさにエイプリルにとって達成不可能な任務だった。

考えてもみてほしい。まだレンタカーすら借りづらいような年齢で、自分の親と同世代の部下たちをマネージメントする。しかも、彼らのやる気を出させてなるべく仕事を早く進め、そ

の分、その部署にはそれほどの人員が必要ないということを証明するのが目的なのだ。この文章を書いているだけで冷や汗が出てくる。

部下たちが自分の足をひっぱろうとしていることを、エイプリルは承知していた。「彼らは私を助けるつもりはまったくなく、むしろ、失敗してほしいと思っていました。だからわざとゆっくり仕事をしていたんです」。彼女は私にそう語りつつ、次のセリフにとくに重みを込めた。「みなが私の足をひっぱっていました。私がそれを〝ゲーム〟にするまでは」

そう。その瞬間からすべてが変わりはじめたのだ。「私は自分のスコアカードを14枚コピーして、部下たちに1人1枚ずつ配りました。そして毎週金曜日に、そこに書かれた7つの項目のうちのどれかを改善できたら、その数に応じてチケットを配ることにしたんです。チケットは月末に抽選で200ドルのギフトカードと交換します」

とはいえ、部下たちはすぐさまこのゲームにのってきたわけではなかった。なにせ、ゲームをうまくプレイしてしまえば、職を失いかねない状況なのだ。「私がこのプログラムを発表したとき、彼らは不満の声をあげながら、『俺たちを小学生か何かと勘違いしてるのか』と詰め寄ってきました」とエイプリルは言う。「でも、そのうちに毎週金曜日になると、私の部屋の扉をノックしてチケットをもらいにきて、もっと仕事を速くこなすにはどうすればいいかアドバイスを求めるようになったんです」

8カ月がすぎるころには、チームはこれまでの仕事の半分をオートメーション化し、人員は削減され、エイプリルは昇進して給料が26パーセントもアップした――これは、彼女の上司が、ここ40年間で部下に与えた最高の昇給幅だ。「月にたった200ドルの投資で、効率が倍になったんです。だからその費用を会社が負担するよう上司に頼みました。そしたら、『こんなに悩まずに許可できる1600ドルはほかにないね』と言ってくれました」

お役所仕事が好きで効率化が嫌いだという人は、この話を聞いて、エイプリルのやり方が気に入らなかったかもしれない。だが、それでもこの法則に力があるという事実は変わらない。

要は、〝本当はやりたくないことでも、ゲームにすると簡単にやれるようになる〟のである。

私は、本当はジムには行きたくない。

本を書きたいとも思わない。

フロスもしたくない。

でも、自分の可能性を最大限に発揮して、きたるべき最高の瞬間をあますことなく楽しむためには、最初はやりたくないと思うようなことをたくさんこなす必要がある。

あなただって同じだ。

これまでにあなたがこのような本を100冊読んで100冊とも役に立たなかったのだとしても、それはあなたがなまけ者だからではない。ただ、私と同じ感覚的な問題――〝頑固な自分〟――を抱えていただけだ。相手は、あなたがポテンシャルゾーンに向かおうとするたびに、これまでの記憶や感情、失敗の歴史、あるいは、あなたの好みにあわせたありとあらゆる誘惑を駆使してそれを阻もうとしてくる。

インスタグラムには見事にパーソナライズされた広告が表示される、とあなたは思っているかもしれない。だがそれでも、インスタグラムはあなたの会話のうちのごく一部しか聞いていない。だが、〝あなた自身〟はそのすべてを聞いている。概して戦争では、情報を持っているほうが勝つものだ。考えてみてほしいが、相手は20年、30年、あるいは50年ものあいだ、毎日ずっとあなたの側にいるのだ。こちらが起こすアクションを予期して、それを邪魔することなどお手のものだ。

われわれはそうした相手に対処しなければならない。

ベストモーメントリストによって、未来ではなく過去に目を向けることで、〝ビジョンの壁〟は打ち破った。しかし、〝頑固な自分〟はそう簡単には説得できない。自分の可能性をフルに活用するには、さらに多くの新しい仕掛けが必要なのだ。

THE ZONES

ゾーン

5 3つのパフォーマンスゾーンを渡り歩く

Navigate the Three Performance Zones

私は〝目標オタク〟だ。ワインやバードウォッチングやガーデニングやテレビゲームを愛する人たちがいるように、私は目標を愛している。

ある年は100冊の本を読んだ。ある年は1000マイル走った。どこまで卓球がうまくなれるか、限界に挑戦したかったので、コーチを雇った年もある。賃貸マンションの自室で、チームUSA公認のベテランコーチから「打て！　打て！　打て！」と怒鳴られながら、何百回とピンポン球を投げつけられるという経験をした人間は私以外にまずいないだろう。

そう。私は目標オタクなのだ。あなたはそうではないかもしれない。だが、あなたはきっと能力の高い、ハイパフォーマーだ。なぜなら、なまけ者はこんな本は読まないからだ。本屋にこんなコーナーがあることさえ知らないし、自分の可能性を引き出すための本を進んで読もうとなんてするわけがない。そんなことをするのはハイパフォーマーだけだ。だから、ひとまず

「おめでとう」と言わせてほしい。

ただ、おおげさにお祝いする前に、ひとつ注意をしなければならない。ハイパフォーマーだからといって、多くのことを成し遂げられると決まったわけではないのだ。きっとご存じだろうが、ときおり高い能力を垣間見せつつも、それを十分に発揮してすばらしい成果につなげることができない人は、世の中にいくらでもいる。私は12年間にわたって何千人もの人の目標達成を手伝ってきた結果、なぜこんなことが起きるのか、理由をつきとめた。ハイパフォーマーは概して、以下の3つの異なるゾーンをいったりきたりしている。

1. コンフォートゾーン
2. ポテンシャルゾーン
3. カオスゾーン

コンフォートゾーンにいるとき、人は自分の人生を俯瞰することができなくなる。慣れ親しんだ状況につかりきり、かなえたい夢などないと自分に言いきかせて、上を目指してリスクをとるより、退屈でも同じことをくり返したほうが無難だと決めつける。行動も目標も進歩もないが、あまりに楽なので、惰性で生きているのに気づくことはまずない。ここは行くのは簡単だが、結局のところ住む場所としては最悪だと言える。

ハイパフォーマーは
以下の3つの異なるゾーンを
いったりきたりしている。

1. コンフォートゾーン

2. ポテンシャルゾーン

3. カオスゾーン

ジョン・エイカフ　#AllItTakesIsAGoal

そして、コンフォートゾーンよりも注目されることはすくないが、さらにハイパフォーマーの足をひっぱりがちなのがカオスゾーンだ。あなたはこれまで、一度にたくさんの目標を抱え込んでしまったことはないだろうか？　ポッドキャストを聞いてやる気が燃えあがり、人生を一気にガラッと変えようとしたことは？　1日にスケジュールを詰め込みすぎたり、大きすぎる約束をしたり、自分の作業スピードを過信したりする癖があるのではないか？　副業をはじめつつ、体重を5キロ落とそうとし、家庭では良き夫（妻）であろうとしながら、会社では昇給を狙い、難しい問題に頭を悩ませる一方で、瞑想の時間を増やす——これらすべてを週末に一気にこなそうとしたことはないだろうか？　これがカオスゾーンだ。

ポテンシャルゾーンはこの2つの両極端なゾーンの中間にある、暑すぎないし寒すぎない、心地よいゴルディロックスゾーンのことだ。ここにいれば、「いっさい食事に気を使わない」「ツール・ド・フランスの選手が使う秤《はかり》で、抹茶味のプロテインパウダーをグラム単位で量る」かのどちらかという極端な状態をいったりきたりすることはない。大切な、限られた数の目標に向かって、楽しみながら確実に前進することができる。日々、最高の瞬間を意図的に積み上げながら、夢と現実のギャップを縮めていくことができる。

最初はそんなことは不可能に思えるかもしれない。だがそれは違う。じつのところ、誰でもそうしたゾーンを経験したことがあるものだ。われわれが実施した最近の調査では、参加者の94パーセントが、誰かから「あなたには可能性がある」といわれたことがあると答えた。さら人は自分のなかに特別な何かがあると感じているし、心の奥底ではあなただってそう思っている。

に、「これまでの人生で自分の可能性をフルに発揮できたと感じた瞬間がある」と答えた人も7割を超えた。つまり、概して人は自分のなかに特別な何かがあると感じているし、心の奥底ではあなただってそう思っているはずなのだ。

たとえばあなたは、新しくはじめた趣味に自分の可能性を発見するかもしれない。はじめてつくった土の器は、形はすこしいびつでも、みずからの手でつくりあげた作品であり、そこにいままで気づかなかった可能性を垣間見る。仕事のプロジェクトですべての要素がかみあってうまい方向に進みはじめ、いわゆる〝チューニングが合った〟状態を瞬間的に経験する。あるいは、友だちに無理やり連れていかれた体操教室に、思いがけないほど夢中になる。デナリ国立公園にハイキングに行ったときに、とつぜん氷河のような巨大な考えが頭のなかにひらめく――「そうか。私はこのために生まれてきたんだ！」と。

どんな形でポテンシャルゾーンが出現するかは、人によって違う。だが、その領域に足を踏み入れたときに考えることはみな同じだ。すなわち「どうしたら、ここにいつづけることができるのだろう?」と。

本書のプロジェクトをはじめたときも、根っこにはこの問いがあった。ポテンシャルゾーンにいる時間を、意図的に2倍、3倍、5倍に伸ばす方法はあるのか？ これから経験する最高の瞬間の数を増やすことはできるのか？ ポテンシャルゾーンを旅行者としてたびたび訪れるのではなく、そこの住人になるために、何かできることはないのか？

あなたと同じような思いを持ち、しかも実際にこれを実現した人たちを、私は大勢見てきた。だが、それは簡単ではない。コンフォートゾーンはあまりに居心地がよく、そこから抜け出すのは大変だからだ。

正直にいえば、私もコンフォートゾーンから出ていきたくない。誰だってそうだ。快適《コンフォート》だし、責任も負わなくてすむ。自分に求めるものもすくないので簡単に達成できるし、何も要求されない。背伸びしなくていいし、成長もしなくていい。誰かに助けを求める必要もない。すこしでも難しそうに思えることにはいっさい手を出さなくていい。

ただ、数十年にわたって、私はおもにコンフォートゾーンの住人として過ごしたものの、それでもときおり人生のなかで、その外に追い出されることがたびたびあった。周りの状況の変化があまりに激しすぎて、自分の意思とは関係なく、外に出ていかざるをえなかったのだ。新型コロナのパンデミックは間違いなくその一例だ。２０２０年を目前にして、私は自分の興した会社が最高の年を迎えられそうなことに安心していた。過去7年間、それを目指して仕事に励んできたし、２０２０年の1月になっても、それからの12カ月に予定されたすべてがうまくいくだろうと自信を持っていた。しかしその後、その年のスケジュールはどうなったか？ ひとつ残らずキャンセルされたのだ。

そのせいで、望むと望まざるにかかわらず、私はコンフォートゾーンの外に放り出された。中止になったライブイベントから得られるはずだった収益の埋めあわせをするために、バーチャルイベントのやり方を学び、ポッドキャストを立ち上げ、オンラインのコースで教えなければならなかった。それ以外にはやりようがなかったのだ。しかしいまになってみると、自前のポッドキャストを持っていることにも、オンラインコースで誰かの力になれることにも、間違いなく感謝している。だが、あのときみずから進んでコンフォートゾーンを離れたのかといえば、それは違う。むしろ無理やり引きずりだされたせいで、頭がおかしくなりそうだった。自分の手がけていた事業の大半がキャンセルになったのを知ったとき「こんなことでもなければ学べなかった新しいスキルを身に付ける、絶好のチャンスが来た！　変化って楽しい！」とは思わなかった。もし変化が大好きだという人がいたとしたら、嘘つきかサイコパスのどちらかだろう。それほど変化というのは不快なものだ。

私もコンフォートゾーンから放り出されて最初の9カ月はとてもいやな気分だった（新しい考えに対して奥手だと告白したのを思い出してほしい）。だが、パンデミックは、私の個人的な予定に配慮などしてくれないという事実に気づいたとき、やるべきことは決まった。概して、人がコンフォートゾーンを離れるとき、理由は以下のどちらかだが、私はそのうちの片方を経験したのだ。

1．予期せぬ危機

2．意図的なトリック

「予期せぬ危機」とは、自分ではコントロールできないところで何らかの問題が起きることだ。たとえば、職を失ったり、人間関係で失敗したり、健康を害したり、ふいに誰かにハシゴを外されたり。そうした危機はあなたのコンフォートゾーンを破壊する。ときには、自分の身に降りかかった危機でなくてもこれが起きることもある。友人や親族が窮地に陥っているのを見て、同じ失敗をすまいとして、コンフォートゾーンを離れる決心をすることもあるのだ。

もうひとつ、人は「意図的なトリック」によってみずからの意思でコンフォートゾーンを離れることもある。あなたはふと、自分の人生には何かが欠けている、もっと手に入れたいものがある、と感じる。そして、頭のなかでコストとリターンをすばやく計算し、労力に見合うだけの恩恵があると判断したうえで、コンフォートゾーンを出ていくという選択をするのだ。

しかし、進んでコンフォートゾーンを出たがるのはマゾヒストくらいだろう。それはそうだ。コンフォートゾーンは居心地がいい。ルールも知っているし、やるべきこともわかっている、なじみの場所だ。誰でも、とても釣り合っているとは思えないカップルを見たことがあるはずだ。7年ものあいだ婚約状態のままで、彼氏は5年間ビジネスのアイデアに夢中。サポートにまわっている彼女はその関係に不満を持っている。なぜ彼女は彼と別れないのだろう？　あるいは、なぜ好きでもない仕事を続ける人がいるのだろう？　とうの昔に立ち去っていてしかるべき状況にいつづけてしまう人がいるのはどうしてだろう？　答えは、居心地がいいからだ。コンフォートゾーンはワクワクして心がおどるようなところではない。だが、境界線の向こう側にある未知の世界よりも、はるかに落ち着く場所なのはたしかだ。

それでもある日、ふとやる気がわいてくることがある。あなたは、イベントに行ってみたり、ポッドキャストを聞いてみたり、元気が出るようなメッセージを発信しているSNSのアカウントを見つけたりする（ちなみにこの3つは、本書で実施した調査で、参加者たちがインスピレーションの源として挙げたトップ3だ）。そしてさまざまな理由から、自分がどこまでできるのか試してみる価値はあると判断する。だが、それが決して簡単な道のりではないこともすぐにわかる。〝頑固な自分〟をコンフォートゾーンから出るよう説得するのは、檻のなかにいる虎を野生に戻そうとするようなものだ。「よお。お前はもうこんな檻のなかにいる必要はないんだ。扉は開いてる。そこから出れば、このジャングルをどこでも自由に走り回れるんだ。全部お前のものだぞ」

しかし、あなたは説得の途中で爪でひっかかれ、虎はコンフォートゾーンに逆戻り。また新しい年が来て、何か違う方法を試してみようと思いつくまで何もしない、ということが往々にしてありえる。私はそうしたパターンを自分でもいやになるほど経験してきたし、ほかの人がそうなっているのを飽き飽きするほど見てきた。もうたくさんだ。とはいえ、コンフォートゾーンを手ごわいライバルとして認めてもいる。なにせ何十年にもわたって、私はやられつづけてきたのだ。だからこそ、慎重かつシンプルにものごとを進めなければならない。

慎重になる必要があるのは、何かに脅かされてコンフォートゾーンの奥深くまで逃げかえるような事態を避けるためだ。これから何年にもおよぶ努力と集中と忍耐が必要だという気配をすこしでも感じれば、あなたは手の届かないコンフォートゾーンの隅っこまで引っ込んでしまうかもしれない。いや、間違いなくそうなる。何年も努力して、集中力を維持しながら、耐え忍ばなければならないことを喜ぶ人など誰もいないのだから。未知の目標に向かって足を踏み出すときにはとくにそうだ。

私はマルコム・グラッドウェルが好きだが、K・アンダース・エリクソンがいう〝プロの技〟の定義に関する、彼の説明にはがっかりした。いわく、世界レベルの能力を身に付けるには1万時間の練習が必要だという。じゃあ、私が自分の可能性をフルに発揮できるのは、1万時間も先だというのか？

ちょっと計算してみよう。これはつまり、1日に10時間目標に集中すれば、3年でプロのレベルになれるということだ。しかし、毎日10時間も空き時間があるだろうか？　あなたは今週、新しい目標のために70時間を確保できるか？

おわかりだろうが、これは現実的ではない。ならば、1日に1時間ではどうだろう。これならなんとかなりそうだ。この場合、能力が開花するまでどれくらいかかるのか？

答えは、27年。

もしあなたがこれから1万日間連続で1時間ずつ時間をとれれば――はっきりいってそれ自体かなり難しいと思うが――27年後にポテンシャルを発揮できる計算になる。私はいま47歳なので、74歳になってようやく一人前になれるわけだ。議員としては若いほうに入るだろうし、おそらくそのころにはピックルボール〔テニスのような球技〕のシニアリーグを席巻しているのかもしれないが、それでも私は、自分の能力が開花するまでそんなに待つのはごめんだ。

あなただって、そんなやり方をすべきではない。ただ、最初から勢いをつけすぎても、コンフォートゾーンを離れたくない弱い自分が、危険を感じとって逃げだしてしまう。だからこそ、慎重かつシンプルにものごとを進める必要がある。自分をだますためには、トリックはシンプルであればあるほどいい。

ビジョンの壁ふたたび

人は、可能性の正体が、なりたい自分といまの自分のギャップであることに気づくと、すぐに「じゃあ自分の人生の計画ってなんだろう?」と考えがちだ。

ある意味あたりまえの疑問ではあるが、すると次に何が起きるか? そう。第1章で説明した〝ビジョンの壁〟がふたたび目を覚ますのだ。ビジョンの壁はあなたに「計画を立ててはじめて、目標に向かって一歩を踏み出せる」という、おそろしい条件を提示する。これはとんでもない罠だ。それでは今後の計画や人生のミッションをはっきり自覚するまで、新しい本の最初の100文字だって書けないことになる。自分の魂のコア――いうなれば、自分の本質――をつかむまで、近所を15分散歩することもできない。自分の生きる意味を、目指すべき星を、あらゆる関心事のなかでもっとも重要な進むべき道を定めるまでは、クローゼットを片付けることすらできない。それらすべてに答えが出てはじめて、ようやく仕事にとりかかれることになる。

もし、今後の展望を把握してからでないとスタートできないのなら、きっとあなたは出発する前にその気をなくしてしまうだろう。だから、とりあえずそれは脇に置いておこう。まずは、もっとシンプルなやり方をしよう。自分自身をだまして、簡単な質問に答えることからはじめるのだ。

> 今後の展望を把握してからでないとスタートできないのなら、きっとあなたは出発する前にその気をなくしてしまう。

6 勝ちたいビッグゲームを選ぶ

Pick the Big Game You Want to Win

未来のビジョンというのは、それこそ無限に近いパターンが考えられるし、だからこそ1つに定めるのが難しいのだが、それでも人生における大きな勝負——ビッグゲームは以下の5つしかない。

1. キャリア
2. お金
3. 人間関係
4. 健康
5. 楽しみ

思いつくかぎりのどんなゴールやタスク、ミッションも、すべてこの5つのビッグゲームのどれかにあてはまる。そしてポテンシャルゾーンでより多くの時間を過ごしたいのなら、まずは1つに集中すべきだ。だから、ここで答えるべき質問は「自分はどのビッグゲームをプレイしたいのか?」だけだ。

では、それぞれのゲームの内容について説明しよう。

キャリア

昇進したい。会社の副社長にまで登りつめたい。フリーランサーとしてグラフィックデザインの仕事をたくさんやりたい。インフルエンサーとしてオンラインのプラットフォームをつくりたい。仕事のミーティングをもっと気持ちよく進めたい。もしあなたがそう思っているなら、プレイすべきゲームは、〝キャリア〟だ。

お金

借金を返したい。安心してリタイアしたい。山や海辺に別荘が欲しい。子どもの大学の学費を払ってあげたい。ビットコインに興味がある。もしあなたがそう思っているなら、プレイすべきゲームは、〝お金〟だ。

人間関係

壊れた夫婦関係を元に戻したい。結婚したい。良き夫や妻、父や母、息子や娘でありたい。パンデミックのせいで「ああ、家で働くのはさみしいから、もっと友だちがほしい」と感じる。もしあなたがそう思っているなら、プレイすべきゲームは、〝人間関係〟だ。

健康

きつくて入らなくなったジーンズをもう一度はけるようになりたい。近くのプールで泳いで気分をリフレッシュさせたい。いつかはマラソン大会に出てみたい。コレステロールを下げたい。膝の調子をよくしたい。不安をうまくコントロールしたい。もしあなたがそう思っているなら、プレイすべきゲームは、〝健康〟だ。

楽しみ

これは〝その他もろもろ〟に近く、ほかの4つにあてはまらないものはすべてここに入る。絵本のイラストを書きたい。編み物を習いたい。1年で聖書を通読したい。子どものころに飼っていたのと同じ、ベルジアン・シェパードのしつけをしてみたい。何か新しい外国語を勉強してみたい。もしあなたがそう思っているなら、プレイすべきゲームは、〝楽しみ〟だ。

このアプローチのメリットは、〝頑固な自分〟を警戒させずにすむことだ。もしいきなり、「自分の人生の使命はなんだろうか？」などと大上段から問いかければ、〝頑固な自分〟はすぐさまコンフォートゾーンに逃げ込んで、ガッチリと扉に鍵をかけてしまうだろう。だが、ゲームならプレッシャーははるかに小さい。これはただのゲームだ、と思えば、義務感で身がすくむかわりに、好奇心がわいてくる。つまり、「自分はどのビッグゲームをプレイしたいのか？」という問いには、コンフォートゾーンにいながらにして答えられるわけだ。

最初の問い

自分はどのビッグゲームをプレイしたいのか？　これが答えるべき最初の問いだ。まずは1つか2つを選ぼう。時間がありあまっているというなら、5つすべてをやることを止めはしないが。

ブログをはじめた当時、私は1つのゲーム――〝楽しみ〟しかプレイできなかった。ほかのビッグゲームをする時間がなかったのだ。フルタイムで働いていたし、まだ3歳にもなっていない娘が2人と美しい妻がいた。副業でもクライアントを抱えつつ、毎日アトランタまで出勤していた。だから、私はブログに集中することにした。

たまにランニングすることはあっても、〝健康ゲーム〟をプレイして、ハーフマラソンの準備をするほどの余裕はなかった。友だちもいたが、忙しすぎて家族以外の〝人間関係ゲーム〟にはあまり時間を割けなかった。会社では毎週40時間から45時間ほどしっかりと職務をこなしたが、〝キャリアゲーム〟をプレイしていたわけではなかったので、それ以上の仕事にあえて首をつっこもうとはしなかった（ブログがやがて新しいキャリアにつながるのだが、はじめたばかりのころはそんなことは考えもしなかった。ブログはただただ面白いだけの遊びだったのだ）。

ただ、現在では私の人生の様相は変化している。幼かった２人の娘は10代になった。だから、たとえば毎週土曜日の朝６時から夜の８時まで、必死になって彼女たちをあやしてご機嫌をとる必要はなくなった。Ｌ・Ｅは大学生なので、週末もキャンパスにいるし、マクレーは、クロスカントリーをしたり、友だちの家で夜を過ごしたりしているようだ。だから私は、いまなら土曜日をキャリアゲームや人間関係ゲーム、楽しみゲームにあてることもできる。人生においてやらなければいけないことが前とは変わったからだ。いまの状況なら、もしそうしたとしてもカオスに陥ることはない。

世の中には、使える時間を増やす工夫もないことはない。それでも基本的には、自分のそのときどきの状況にあわせて、そのなかでこなせる数のゲームをプレイしよう。ただしこれは、何も考えずに現状に甘んじてもいいという意味ではない。すでにあなたがプレイして、勝ってきたゲームもあるはずなのだから、その部分については自分を褒めてあげよう。

たとえば、あなたは気づいていないかもしれないが、家族みんなで夕食をとることだって評価にあたいするゲームだ。子どもたちを車で学校まで送ってあげるのだってゲームだし、出社日とリモートワークの組み合わせという、これまでとはまったく違う、新たな形で働くのもゲームだ。スケジュールに入れたいゲームはたくさんあるのにうまくいかないという場合、時間のやりくりが下手というよりも、すでに自分で思っているよりもはるかに多くのゲームを抱えているからである可能性が高い。

新しいゲームをプレイする準備が整ったら、最初の1つを選んでスタートしよう。目指すべきゴールを思い描くために、ややこしい、クリエイティブな方法を導入する必要はない。ベストモーメントリストづくりをすでに試してみたのであれば、何かもっとやってみたいことが見えてきたはずだ。もしそうでなかったとしても、いまの時点で、きっとアイデアのようなものは浮かんでいるにちがいない。なぜ断言できるかといえば、私の本を読んだり、オンライン講習を受けたり、ポッドキャストを聞いたりしたあとで「ジョンさん、私はやりたいこともプランも、何も思い浮かびません」という人は、これまでに見たことがないからだ。

ハイパフォーマーであれば、何十、何百、ときには何千も、やりたいことがある。そのうちの1つを選ぼう。どれが正解なのか、などと考える必要はない。ただ、そこにあるものを選んで、すぐにやりはじめることだ。そしてさっさと勝利を手にしよう。向かうべき方向はたった5つしかないし、選択を間違えるということはありえない。なぜならこのゲームのルールを決めるのはあなた自身だからだ。あなたが〝楽しみゲーム〟を選んだとして、私が「君はキャリアゲームを選ぶべきだったね」などと、口をはさむことはない。このゲームの主役はあなたなのだ。

また、ゲームをクリアする手順についても、心配しなくていい。次の章で、ゲームを、誰でも達成できるイージーゴールに変える具体的な方法を5つ紹介する。いまはただ、自分がこれからプレイするゲームに、小さな星マークをつけてほしい。これで、2つめの質問に答える準備は整った。

2つめの問い

あなたはこれから、時間というもっとも大切なリソースを投入してゲームをプレイすることになる。だから、自分自身に問いかける2つめの質問――「勝ち取りたいものはなんなのか?」――の答えをあらかじめ知っておいたほうがいい。

ただその前に、自分の気持ちに正直になることを誓ってほしい。かっこつけてすましたことを言っても、コンフォートゾーンからは抜け出せない。私は、作家仲間がこうした振る舞いをする姿をよく見かける。彼らは新刊を発表するときに「私の本で、ひとりでも人生が変わる人がいれば、書いたかいがあります」と言う。

だが、これはまったくの嘘だ。本を書くのは大変だ。やることはシンプルでも、書きすすめるのはしんどい。みずからのエゴや期待、あるいはXでの中傷コメントの言うとおり、自分はとんでもないまぬけなのではないかという恐怖と、何千時間にもわたって取っ組み合いをしなければ、本は書けない。たったひとりの読者を救えればいいと言うには、つらすぎる作業なのだ。もし本当にそれが目的なら、友だちにメールの1通でも出せばいい。30分ですむ。そのほうがよっぽど楽だ。

わざわざ本を1冊書こうというのだから、目指すべきものはもっと大きいはずだ。10万人に買ってもらいたい。『ニューヨーク・タイムズ』のベストセラーリストに入りたい。印税で大金持ちになりたい。道を歩いているときに見知らぬ人に呼び止められて「あなたの本を読んで人生が変わりました」と言われたい。世界中の人に衝撃を与えたい。作家たるものそう望んでしかるべきだ。

ちなみに私は、いま挙げたすべてを実際に経験した。どれも本当に励みになる出来事だった。作家が「私の本で、ひとりでも人生が変わる人がいれば、書いたかいがあります」と言うのは、本が売れなかったり、自己中心的な動機で書いていると思われたりするのが怖いからだ。だから、社会的に受け入れられやすく、あとあと落胆しなくてすむような、にせの動機をでっちあげる。本当に期待をしているものを隠すことで、〝保険〟をかけるのだ。1部売れれば十分だと自分に言いきかせれば、100部しか売れなくても失敗したとは思わずにすむ。だが、偽りの動機では、自分をコンフォートゾーンから引きずりだすことなど決してできない。

偽物の燃料では、ポテンシャルゾーンにとどまるだけのパワーが出ない。フェラーリの燃料タンクに軽油を注いで、なぜ走らないのかと言っているようなものだ。

だから自分の気持ちに正直になろう。もしあなたが、心から世界を救いたいという立派な志を持っているならそれはおおいに結構。ぜひ答えのひとつに加えてほしい。とにかく、「勝ち取りたいものはなんなのか?」という問いに対して、本音を隠してはならない。

偽りの動機では、自分をコンフォートゾーンから引きずりだすことなど決してできない。

さて、あなたはいま、コンフォートゾーンに固執する〝頑固な自分〟と話し合おうとしている。心のなかにはそれとは別に〝変わりたいと思っている自分〟もいるので、両者を集めて会議を開始する。するとここで〝頑固な自分〟は、最初にして最後の質問を発する。それは「で、それをして、私になんの得があるの?」というものだ。ほんのすこしでも営業の経験がある人なら、人間誰しも何かしらの決断を下すときには、この問いが頭に浮かぶということを知っているはずだ。

私になんの得があるのか?

なぜ私はそれをしなければならないのか?

この仕事をこなしたら、私は何を勝ち取れるのか?

ここでもしあなたが偽物の、つまらない賞品を持ってテーブルにつけば、〝頑固な自分〟にたちまち鼻で笑われてしまうだろう。「研究によれば、運動をすると、長期的には心臓疾患にかかる確率が大きく下がるそうだ。骨密度も高くなって、歳をとってから骨粗しょう症に悩まされる可能性も低くなるよ」と言って、自分自身を説得しようとすることを想像してみてほしい。

私がクロスフィットをやっているのは、そんなことのためではない（いったんクロスフィットの話題を持ち出すと止まらなくなってしまうので、ここまで言わずにきたのだが）。

自分自身への売り文句がそんなものだったら、私はあのいまいましいケトルベルを1回だって持ち上げることはできないだろう。スクワットは嫌いだし、懸垂にもうんざり。重りを持った状態でやる腹筋なんて思い出したくもない。クロスフィットのトレーニングは、自制心で続けられるわけではないし、意志の力も決め手にはならない。〝やりぬく力《グリット》〟もなんの役にも立たなかった。

〝頑固な自分〟はあなたが思うよりもずっと賢い。嘘の演技でモチベーションをあげようとしてもすぐに見破ってしまう。彼をコンフォートゾーンから誘い出す唯一のコツは、そのままそこにいるよりこっちに来たほうがいいと納得させることだ。彼は悪いやつではない。あくまで自分の一部なのだから悪者扱いするのはやめて、ほかの部分と同じように愛情を注いであげよう。ただし、論理や理屈では彼は動かない。

人間というのは不合理だ。私たちはつねに理屈にあわないことをしている。だから常識に訴えても、頑固な自分はコンフォートゾーンを離れてはくれない。根気強く誘い出すしかないし、そのとき最高のエサになるのは〝勝利〟だ。彼だって勝利の味は好きなのだから。自分は争いは好きじゃない、と思う人もいるかもしれないが、勝ちと負けどちらかを自由に選べるとしたら、誰だってつねに勝ちをとるはずだ。

だから私は「クロスフィットをやると何を勝ち取れるのか？」と自分に問いかけた。そして、以下のようにできるだけ多くの答えを導きだした。

1. エンドルフィンが出て気持ちよくなり、ストレス解消になる。
2. トレーニングのあと、記録表にチェックを入れていくと、とても満ち足りた気分になる。
3. トレーニング用に、新品のカッコいいシューズが買える。
4. 有言実行することで、トレーナーをあっと言わせたい。
5. スピーチをするときにジョークのネタになる。
6. 同じくクロスフィットをやっている、友だちのスコットと共通の話題ができる。
7. 近所のプールに行ったとき、引け目を感じずにシャツを脱げる。

体を鍛えておけば、子どもたちと長く一緒にいられるというのは頭ではわかっているし、ぜひそうしたいと思っている。でも、寒くて運動したくない朝に、「いいか。いまから20年ちかくが経っても、これから生まれてくる孫たちと一緒に走り回って遊びたいだろう。だからやるんだ」と自分に言いきかせているわけではない。

私が上で挙げた理由のほとんどは崇高とはいえないし、なかにはくだらないものも混じっている。でも、まずは〝頑固な自分〟をコンフォートゾーンから引きずりだすことが目的なのだから、それでかまわないのだ。

人は目標に取り組むことで、長期的には、自分や家族だけでなく、関わりのある人たち全員に、良い影響を与えることができる。自分の可能性をフル活用して生きていると、自然とほかの人にも同じような人生を過ごしてほしいと思うようになり、手を差し伸べるようになるからだ。つまり、この旅は自分からはじまるが、最後は他人への奉仕に行きつく。すばらしいことだ。たしかに、最初からそれだけを理由にコンフォートゾーンを離れる人はまずいないだろう。ただ逆にいえば、身の回りの人を助けたいという気持ちが、ポテンシャルゾーンにとどまるにあたって、最大の原動力の1つになるのも事実だ。

私はクロスフィットをやることで得られるメリットを7つ挙げた。ただ、あなたはそんなにたくさん考える必要はない。私はライターなので言葉数が多いのだ。でも、すくなくともいくつかは書き出してみてほしい。この本を手に取っている時点で、あなたには人生で何か変えたいことがあるはずだ。それはどのビッグゲームにあてはまるだろうか？　そして、そこから何を勝ち取れるだろうか？

行動を開始して、夢と現実のギャップを埋めるために一歩、二歩と足を踏み出したとき、どんないいことが起きるのか？

こうした考え方は、最初は不自然に感じられるかもしれない。なぜなら、普通は新しい目標を立てたとき、〝何が得られるか〟よりも、〝何をすべきか〟に目を向けるのが当たり前だからだ。そして次に、目標を達成するために必要なすべてのアクションを思い描くのが定跡とされている。ただ、これが重要な作業なのはたしかだが、今回はとりあえずスキップして後回しにしよう。なぜかといえば、それだけでいっぱいいっぱいになってしまうからだ。いまの時点ですでに人生に行き詰まりを感じているというのに、まずはその行き詰まりを解消するために膨大な作業リストをつくらなければならないとしたら、はたしてそれでモチベーションがあがるだろうか？

だから、まずは勝ったら何が手に入るかを思い描こう。そうしてはじめて、やるべきことを決める力がわいてくるのだから。

> **この旅は自分からはじまるが、最後は他人への奉仕に行きつく。**

3つめの問い

われわれはまだコンフォートゾーンを抜け出してはいない。それでも、いくらか勝利の可能性を匂わせることで、すこしだけ〝頑固な自分〟の気をひくことができた。彼はコンフォートゾーンの壁にハシゴを立てかけてのぼり、数年来感じたことのないような好奇心を持って、外側の様子をうかがっている。

ここまでくれば3つめの問いに答える準備が整ったといえるだろう。すなわち「どうやれば勝てるのか？」という。

もし、きたるべき最高の瞬間が戦ってでも手に入れる価値のあるものであれば、ゲームを開始する前に、この疑問は自然と頭に浮かんでくるものだ。提示された最高の瞬間が十分に良いものなら、あなたはこう考えはじめる。「これは悪くない。どうやったら手に入れられるだろう。どうすれば自分の可能性をもっと発揮できるのだろうか」と。

そしてその答えは「ゲームを簡単にすることで、勝利を手に入れる」というものだ（これこそ、本書のなかでも最高のアイデアといっても過言ではない）。

これを聞いて、「うわべだけの自己満足の勝ちを拾うのと同じじゃないか。そんなの間違ってる」と思う人もいるかもしれない。たしかにその意見は否定できない。だが、目標を達成するためにやるべきことをやろうとしているのにどうしてもうまくいかないのなら、直感に反すること――たとえば、ゲーム自体の難易度を下げたり――を試してみてもいいのではないか。コンフォートゾーンから脱出するのに一番いいのは、必要な仕事を減らして、派手に勝つことなのだから。

正直にいえば、私も最初は、こうした提案をするのにためらいを感じていた。だが、成功者たちについて調べてみたことで考えが変わった。彼らはそれぞれ異なる個性の持ち主だったが、成果という点から見るといくつか共通の要素があった。そしてそのうち1つが「つねにゲームを勝ちやすいものにする」ということだったのだ。つまり彼らは、いかに成功を確実にするかに心を砕いていた。世界一のリーダーシップ研究家と称され、数百万部もの著書を売ってきた、企業のトップ層へのコーチングのプロ、マーシャル・ゴールドスミスも、名著『コーチングの神様が教える「できる人」の法則』（日経ＢＰ日本経済新聞出版、２０２４年）のなかでそれを認めている。「私は自分に楽をさせる。不利な賭けはしない。私が仕事をともにするのは、成功する可能性が極めて高い顧客だけだ。誰がこれ以外のやり方をしたいと思うだろうか」[1]

　そして、こうしたやり方をしているのはゴールドスミス本人だけではない。何十年ものあいだ、世界でもっとも成功した企業と仕事をともにしてきた彼は、高い業績をあげる人たちにはある共通点があることに気づいたそうだ。「成功のメカニズムに思いを巡らせ、成功者とそうでない人を分けるものは何かと考えながら人生を過ごしていくと、まさにこれが、つねに勝利を手にする人の決定的な特徴だということに気づくだろう。彼らは自分の有利になるように手札を積み上げる。しかもそれを、まるで恥じることがない」[2]

　だがたいていの人は、これとはまったく逆のことをする。ゲームを難しくして、負けが確定するようなルールをみずからつくってしまうのだ。

　私がそうした事実に初めて直面したのは、『ＦＩＮＩＳＨ！　必ず最後までやり切る人になる最強の方法』という本を書くための研究をしているときのことだった。いつものようにマイク・ピーズリー博士とともに、900人ちかい参加者が目標に取り組む様子を半年にわたって調査したのだが、プロジェクトのさなかに、大半の人が自分の能力を過大評価して、無意識のうちに勝ち目のないゲームをしていることに気づいた。自分の有利になるような立て付けをするかわりに、彼らは最初からやたらと難しい目標を掲げ、はじめていくらもたたないうちに厳しい現実にぶつかってフラストレーションを感じていた。要するに、まったくありえないような大きすぎるビジョンを思い描いて、現実とのあまりのギャップに心が折れそうになっていたのだ。

われわれはこの問題に対処するため、彼らに目標を半分の大きさにするよう勧めた。すると驚くべきことが起きた。このアプローチを選択した人は、それ以外の人と比べて63パーセントも成功する確率が高くなったのだ。ただ、このようなやり方をワークショップで実施する際、事前にクライアントに内容説明のパワーポイント資料を送ると、必ず折り返しの電話がかかってきて、「弊社の営業チームに、『今年の販売目標は半分でいい』と言うなんてあんまりです。そんなやり方はやめてください」と苦情を言われてしまう。いちおう断っておくと、これは絶対にそうしなければならない、という話ではないのだ。ただ、最初に大きすぎるビジョンを思い描いて、プロジェクトの途中で間違いに気づいてそれを半分にするというのは、成功につながるやり方ではない。この数字からは、人は目標に取り組む際に、最初からゲームを必要以上に難しくして失敗を招くというパターンに、いかにはまりがちなのかがよくわかる。

こうしたことが起きるのは、おもに以下の3つの理由による。

1．あえてみずから失敗している

厳しすぎるルールを設定したり、実現不可能な期待を抱いたりすると、すぐに失敗する。しかしそうすることで、失敗を自分自身ではなくルールや期待のせいにできる。『ザ・ビッグ・リープ』の著者である心理学者のゲイ・ヘンドリックスは、これを「上限問題（Upper Limit problem）」と呼んでいる。つまり、人は往々にして、家族のなかで抜きん出た存在になることを恐れたり、謙虚であろうとしたり、自分には幸せになる資格がないと思い込むことで、許容できる成功の大きさに上限を設けてしまうのだ。そして設定したその上限が近づいてくると、知らず知らずのうちに自虐をして、成功の階段を後戻りしてしまう。[3]

2．自己認識が不足している

自分に有利なルールを設定するには、自分自身のことをすこしは知っておく必要がある。もし自分が朝型人間であるにもかかわらず、それにまったく気づかなかったとしたら、クリエイティビティを発揮できない遅い時間にばかり重要な仕事を詰め込んでしまうということになりかねない。この場合、「一番たいへんな仕事は朝一番にやる」というルールをつくれば、ものごとを有利に進められるだろう。でも、そもそもどうやったらやる気が出やすいのかを自覚していなければ、こうしたルールは決められないし、1日を楽に過ごすためのコツを見逃してしまう。逆にいえば、ベストモーメントリストをつくる大きなメリットはここにもある。リストによって、自分の性質を自覚できるのだ。

3. 罪悪感をもってしまう

もし心のどこかで「難しいことでなければ目標に値しない」という暗黙のルールを設けているとしたら、簡単な目標を立てるとズルをしているような気分になる。するとあなたは「これじゃ簡単すぎる」と思って、ゲームが難しくなるまでルールを厳しくする。そして結局、〝頑固な自分〟がそんなしんどいことはやりたくないと判断してしまう。

本書は、間違いなく自己認識の助けになる。ただ、あなたがもし自虐的な考え方や罪悪感の根っこがどこにあるのかを、カウンセラーとともに探りたいと思っているなら、ぜひそうしてほしい。ただそれについては本書では踏み込まない。

私がここでやりたいのは、失敗しようがないくらい低いハードルを設定して、挑戦しつづける力がわいてくるよう、なるべく手っ取り早く勝利をつかむことだ。ゲームに早く勝てれば、やるべきことにとりかかるのも早くなる。勝つ回数が増えれば、挑戦する機会も増える。

それに、何度かあっさりと勝つことで、じつはコンフォートゾーンというものが、それほど広いものではないことがわかってくる。

そこから抜け出すために重い足をひきずって何カ月も歩きつづける必要はない。コンフォートゾーンは、高さはあるが幅は狭い。一見乗り越えるのが大変そうに見えるが、せいぜい数分もあれば通過できる。運動なら最初の汗一滴、本の執筆なら最初の１００文字、営業なら最初の数本の売り込み電話——こうしたところで手軽に勝利をおさめられれば、コンフォートゾーンは消えてなくなる。

では、勝利を確実にするにはどうしたらいいのか。簡単な目標《イージーゴール》をつくればいい。

7 イージーゴールでコンフォートゾーンから抜け出す

Escape the Comfort Zone with an Easy Goal

２０２１年。私は１１３２個のアイデアを出した。

〝たくさんあった〟という意味の比喩ではない。本当にちょうど１１３２個だったのだ。なぜわかるかといえば、その年のあいだ、何冊ものノートにアイデアを書きつづけ、数をちゃんと数えていたからだ。

私は作家にはスランプはないと思っている。あるとしたら、それはただのアイデア不足だ。机に向かっているのに何も書けないのは、アイデアの金庫が空っぽだからだ。だから、よい作家になりたければ、よく考える必要がある。それにはたくさんアイデアを出せなければならない。

そう思った私は、それを目標に変えて、毎年すこしずつ考えるのがうまくなってきた。そして２０２２年には１５６３ものアイデアを出した。

ちなみに私は、２０２０年の6月には、30日中28日、ビタミンを摂った。

同じ年の11月には、31日中26日、朝起きてすぐにベッドをきれいにした。

いまから2カ月前には、28日間連続で階段を〝歩いてのぼる〟ことに成功した。私は元気がありあまっているのか、まるで寝かしつけられるのをいやがって逃げる8歳児のように、階段を駆けあがる癖がある。きっといつかつまずいて怪我をすると思ったので、この癖をなおそうと誓ったのだ。

しかし先月は、30日中27日もこの誓いを破ってしまった。自分の愚かさに腹が立ってきたのがわかったので、今度はそれをなおせるかどうかも測定することにした。

前にも言ったように、私は目標オタクを自称しているが、それは決して誇張ではない。これまで何百種類もの目標を試し、何千人もの人の何千という目標達成を助けてきた。そうした経験のなかで、人間にはみずからの可能性を最大限活用するうえで、極めて有用な3種類の目標があることに気づいた。すなわち――

1. 簡単な目標「イージーゴール」
2. 中間の目標「ミドルゴール」
3. 保証された目標「ギャランティードゴール」

この3つには似ているところもあるが、それぞれ用途が異なる。

イージーゴールはコンフォートゾーンから脱出するため。
ミドルゴールは、カオスゾーンを避けるため。
ギャランティードゴールはポテンシャルゾーンで生きるためのものだ。

私の知るかぎりほとんどの人が、もっとも野心的なギャランティードゴールからはじめようとする。「ゴー・ビッグ・オア・ゴー・ホーム（大きく勝負しろ。さもなければ家に帰れ）」というセリフは口にするのは気持ちいいかもしれない。ただこの言葉はきっと、インスタグラムを流れるどんなひどいマントラよりも、多くの人をコンフォートゾーンに逆戻りさせてきた。場合によっては、こうした過激なアプローチのせいで心を病み、病院送りになってしまう人もいる。

デトロイトで作業療法アシスタントをしているエリン・クイルマンは、次のように語る。「患者さんには、これ以上、傷を悪化させたり、ふたたび大きな傷を負うのを避けるため、ペースを落とすようアドバイスすることが多いです。一時的に気分がよくなったり、痛みを感じなくなったりすることはありますし、そもそも強いところもある人たちなのですが、それでも険しい道を早すぎるペースで進むと、大きなダメージを受けてしまうのです」。作業療法士という仕事は、患者たちが日々小さなゴールをつくることで、いずれは大きなゴールを達成できるよう手助けをすることを中心にまわっている。

ふと思い立っていきなりアイアンマンレースに出たり、ゼロから壮大な3部作を書き上げた

イージーゴールは
コンフォートゾーンから
脱出するため

ミドルゴールは
カオスゾーンを避けるため

ギャランティードゴールは
ポテンシャルゾーンで
生きるため

ジョン・エイカフ　　#AllItTakesIsAGoal

り、ちらかった状態から一気に「靴下1足にいたるまで明確な理由があって残している」というところまで整理整頓できるのは、限られた一部の超人だけだ。凡人である私たちにとって、長期的な成功をおさめるための王道はつねに、イージーゴールにはじまり、ミドルゴールを経て、最後にギャランティードゴールへといたる。

これはゴールが3段につらなった、ハシゴのようなものだと考えてほしい。ハシゴを支える縦の柱のうち、1本は努力、もう1本は時間だ。上に昇っていくと、目標はイージーからミドル、ギャランティードへと変わり、達成するのに必要な努力の量や時間も増えていく。イージーゴールはこのハシゴの一番下にある。のぼるのは簡単で、地面からほとんど足をあげなくても届く。逆に一番上にあるギャランティードゴールには、到達するのに相当な努力と時間を投資する必要がある。そして、真ん中にあるのが――もうおわかりだろうが――ミドルゴールである。

前述の5つのビッグゲーム(キャリア、お金、関係、健康、楽しみ)のうち、プレイするものを決めたら、ハシゴの一番下からスタートしよう。それにはまずイージーゴールを設定することになるが、その際、以下の5つのポイントに注意する。

1.イージーゴールは短期間で達成できる

イージーゴールは1日から、長くても1週間程度で達成できるものでなければならない。仮に1カ月かかるのであれば、それはイージーゴールではない。

私自身の例を挙げると、自分のビジネスがいくつかの面で停滞していることに気づいたときに、頭にふとイージーゴールが思い浮かんだ。やることはブラッド・ロメニックといういまで出会ったなかでもっとも広い人脈を持つ人物に、おすすめのビジネスコーチの名前を聞くだけだ。実際、火曜日にアトランタで開催されたイベントのバックステージで15分彼と話をすれば、それでOKだった。これで私はあっさりと目標を達成し、ただちに勝利を味わうことができた。次なるイージーゴールはブラッドが推薦してくれたコーチにEメールを出すことだ。108ワードのメールを書き、30分ほど電話で話す約束をとりつけた。これでもう1つ達成。そこからさらに実際に電話をして、1週間のうちに3つのイージーゴールを達成できた。私は自分のビジネスを根本的に見直したわけではない。そんなことを要求すれば、〝頑固な自分〟はたちまちコンフォートゾーンに逃げかえってしまうだろう。そのかわりに「ねえ、1週間だけちょっとやってみて、何が起きるか見てみようよ」と言ったのだ。ときには、こうしたイージーゴールの連鎖が、結果的に数週間にわたって続くこともある。だが、頭のなかで考えるのはせいぜい1週間程度のスパンまでだ。

短い時間軸で考えると、目標を立てたら延々とそれに向かって努力しつづけなければならないという恐怖を抱かずにすむ。とりわけ完璧主義の人は、何かをはじめたら一生つづけなければいけないような気持ちになってしまうため、新しいゴールを設定するのに抵抗をおぼえる。人はすぐ、「勝者は決してあきらめない！」などと思い込みがちだが、イージーゴールはこれとはまったく逆だ。イージーゴールはおためしのデートであり、婚約の誓いではない。1日ないし1週間が経って、その目標が自分に合わないと判断すれば、ただちに〝身を引く〟ことができるのだ。

2. イージーゴールは最初のステップが明確

目標に向かって出発する際に、すこしでもとまどうことがあれば〝頑固な自分〟は「はい、失格！」と叫ぶ。だがイージーゴールの場合、作家のエミリー・P・フリーマンの言葉を借りれば「次にやるべきこと」がつねに明確だ。

私がクロスフィットを学びはじめるまでの道のりもシンプルだった。街でもっとも人気のある「クロスフィット・イーストナッシュビル」というジムの経営者であるケイレブ・グレゴリーが近所に住んでいたので、私はまず、彼と立ち話をしているときに、体を鍛えたいと思っていることを伝えた（第1ステップ）。そして電話番号を教えてもらい（第2ステップ）、メールを出して詳しい話をするアポイントをとった（第3ステップ）。クロスフィッターなら誰でも持っている地下室《ダンジョン》タイプのガレージを備えた彼の家に行き、簡単な体力測定をした（第4ステップ）。そして、彼に言われたことをメモして、ここまでの経過をパソコンを使って簡単な図表にまとめた（第5ステップ）。この時点で、私がまだ、実際にはクロスフィットをしていないことに注目してほしい。だが、最初の5つのステップははっきりしていたし、すべてを1週間以内にこなすことができた。つまり、これはイージーゴールだったのである。

3. イージーゴールにはそれほどお金がかからない

あなたはこれまでに、新たな目標に取り組むのに必要だという理由で、何か高価なものを購入したことがあるのではないか？　まだ一度も矢を撃ったことがないのにプロのハンターが雄のヘラジカを仕留めるのに使うコンパウンドボウを買い求めたり、自分で寿司を握ってみたいと思ったからといって、世界でも一流の職人が愛用する、500ドルの「堺孝行ダマスカス33層鎚目和包丁」を選んだり、近所の知り合いからサイクリングに誘われたからといって、人生で初めて買った車よりも高いロードレーサーを注文したり。

最後の例は私自身、身につまされる。うちのガレージの壁には、ほとんど乗っていない自転車がかかっているからだ。私は「イージーゴールにはそれほどお金がかからない」という3つめのルールを破り、サイクリングという新たな分野に乗りだしてすぐ、過剰な投資をしてしまった。すでにちゃんとした自転車をたくさん持っている親友のディーンに借りればよかったところを、カーボンファイバー製のロードレーサーを衝動買いし、結局はただの飾りになってしまったのだ。たくさんお金を払ったのに乗っていないその自転車がガレージの壁にかかっているのを見るたびに、いたたまれない思いをすることになった。

もし目標を追求しはじめるにあたって大金がかかるのだとしたら、〝頑固な自分〟にそれを拒否する格好の言い訳を与えることになる。私はイージーゴールの段階ではビジネスコーチを雇ってはいない。そうしたのはずっとあとのことだ。最初から1年契約でクロスフィットジムの会員になったわけでもない。いまから何年も前にブログをはじめたとき、使ったのはBlogspotという無料のサービスだった。運営にもなるべくお金がかからないようにし、ページは自分でデザインした（はっきりいってひどいものだったと思う）。それから3年後に、デザイナーに3000ドルを払って本格的なウェブサイトをつくってもらったが、最初のステップにそれほどの大金がかかったとしたら、試してみようとは決して思わなかっただろう。イージーゴールというのはつねに安くはじめるものだ。お金を出すというのは気が重い。だから何かをはじめようというときに、そうした精神的な負担を背負《しょ》い込まないようにしよう。

4．イージーゴールはいまのスケジュールに合っている

人は、何か新しいことをはじめるときに、現実とはかけ離れた大きなことを宣言しておきながら、それがうまくいかないとびっくりしてしまう傾向がある。あとでギャランティードゴールのところで、現実のほうを目標にあわせて調節する方法を紹介するが、イージーゴールの時点では、目標はいまの現実に沿ったものであるべきだ。私はブログをはじめるために会社を辞めたりはしていない。もしそうすれば、たしかにドラマチックだし、「たった9ドルと鉛筆1本

を手にパラグアイに移住しました！」と言えば、インスタグラムのいいネタになるかもしれない。だがそうはしなかった。週に数回、ブログを書くための時間を30分ほど確保しただけだ。造作もないことだった。ジムに週に1回しか通えない状況で、「今週は5回行く」と勇ましく宣言するのは気持ちがいいかもしれない。だが、それでは失敗は目に見えている。いまの状態を大きく変えなくても達成できるのがイージーゴールだ。1週間の時間のなかの多くても1パーセントほど、つまり2時間もかからないものである必要がある。それも、できるときにやればいい（もしあなたが結婚しているなら、イージーゴールは過去にぶち上げてきた壮大な計画に比べて、奥さんや旦那さんにとってもずっとサポートしやすいものとなる）。

5. イージーゴールは〝物足りなく〟感じる

刺激を受けてコンフォートゾーンから出てきたハイパフォーマーが次に何をしたがるかご存じだろうか？　例外なく「もっとやりたい！」と叫ぶのだ。クロスフィットをはじめて、何週間かイージーゴールをこなしたあと、私はトレーナーのケイレブに「まだやりたりない気がするんだ」と言った。

すると、「最初から飛ばしすぎて、もう二度とごめんだってことになるほうがいいのかい？」という返事が返ってきた。

私は笑いながら「ああ。ぼくはいつもそのパターンだね」と返した。

「だと思ってたよ。だからいま、土台をつくってるのさ」とケイレブは答えた。

イージーゴールは目標達成への足がかりとなる小さな仕組みをつくる。眠っていた筋肉を起こし、最初の勢いをつけてくれる。だから、すこし物足りないくらいでちょうどいいのだ。ジェフリー・J・ダウンズとジェイミー・J・ダウンズは、〝一貫性〟をテーマにした『ストリーキング』という本を書いている。この本は、小さなことを積み上げて、巨大な目標を達成する方法を教えてくれる。そこに提示されているルールの1つは、「取り組むべきイージーゴールは、とにかく笑ってしまうくらいシンプルなものにする」というものだ。友だちに話したら「それだけ？」という反応が返ってくるようなものでなければならない。「読み上げてみて、それなりの目標に聞こえるようなら、おそらくそのゴールは難しすぎる」[1]とジェイミーは言う。

この5つの要素をチェックリストとして使って、自分の目標が十分にイージーであるかを確認しよう。

達成に90日かかるなら、それはイージーではない。

最初に何をすればわからないのなら、もっと作業を分割しよう。

金銭的に無理があるなら、安くできる方法を探す。

まるで別人に生まれ変わったかのように大きくスケジュールを変える必要があるなら、もう一度最初から計画を組みなおそう。

友だちに話してみてびっくりされたら、ジェイミーの言うとおりそれは難しすぎる。

イージーゴールは、コンフォートゾーンからの脱出を、容易《イージー》にしてくれる。

さらに、イージーゴールを通じて、自分が本当は何を大切にしているかも知ることができる。所要時間は2時間以下、コストはタダ同然で、せいぜい1週間で終わるイージーゴールに集中できないのなら、それを〝新年の誓い〟に掲げたとしても、間違いなくうまくいかない。集中力が1週間も続かないのだから、1年の目標にふさわしいわけがない。ちなみに「ストラバ」というフィットネスアプリの運営会社が、3150万人分のアクティビティを分析した結果、1月の第2金曜日が〝脱落者の日〟――つまり、1年のうちで一番、目標をあきらめる人が多い日であることがわかったが、理由は同じだろう。

私はかつて、1週間で以下の3つのイージーゴールを試してみたことがある。

1. グチを言う回数を減らす
2. 人の悪口を言う回数を減らす
3. もっと多くの人と交流する

最初の週は、7日のうち4日間は目標を守ることができた。そこでさらにもう1週間試してみた。すると2週めにはまったく守れなかった。7日のうち、達成できた日は1日もなかったのだ。3週めも4週めも同じで、できるかぎり頑張ってみたがダメだった。一番イージーなはずのこの段階でも、どうしてもそんな気になれなかったのだ。

だから、この3つの目標は後腐れなくきっぱりとあきらめた。もし〝新年の誓い〟以外に目標の立て方を知らなかったとしたら、その年のあいだ、ずっと失敗をひきずったかもしれない。だが、このやり方なら「このイージーゴールは試してみたけど、どうも自分にとって大切なことだと思えなかった。よし、次にいこう！」と気持ちを切りかえられる。イージーゴールを設定することで、そもそも取り組むべきではない目標を簡単にはじくことができるのだ。

では、イージーゴールにはどれくらいの期間、取り組むべきなのだろうか？　それは一言では答えられない。クロスフィットの場合、私はミドルゴールに移行する前に16週間イージーゴールに集中した。だが、執筆活動についてはたった数週間イージーゴールに取り組んだだけで、次のレベルに移った。これは、いまプレイしているゲームにどれくらいハマっているか、そのゲームを通じて何を達成したいかによって大きく変わってくる。なので、ここでお伝えできるのは次に何が起こるかだけだ。

コンフォートゾーンを飛びだしたあなたはポテンシャルゾーンを駆け抜け、最後にはカオスゾーンのまっただ中に放り出される。なぜそんなことがわかるのかって？

なぜなら、あなたも〝ウサギ〟だからだ。

8 ミドルゴールを使ってカオスゾーンを避ける

Skip the Chaos Zone with a Middle Goal

ポテンシャルのムダ遣いについての、もっとも有名な物語といえば『ウサギとカメ』だろう。あなたがこのお話を最後に読んだのは、きっとだいぶ前だろうから、ここでざっとあらすじをおさらいしよう。

自信過剰のウサギが、歩くのが遅いカメをからかう。するとカメはウサギにかけっこの勝負を挑む。スタートから一気に飛びだして差をつけたウサギは、自分の速さを誇示するために道の途中で昼寝をはじめる。要は、「目標を必要以上に難しくした」のである。もしウサギが走りつづけたとしたら、全速力の1割程度のペースでも、楽勝だっただろう。

そして、ウサギは寝ているあいだにカメに抜かれてしまう。事態に気づいたウサギは巻き返しをはかって必死に走るが、レースはカメの勝ちとなる。この物語の寓意は「ゆっくりでも着実に歩を進めれば、勝利は手に入る」というものだ（このフレーズはイソップによるオリジナルの文章には出てこないが）。カメは自分の可能性を最大限に活かした者の象徴だ。ペースを守って走りつづけ、昼寝はしなかった。無理に急ぐこともしなかった。ただひたすらに歩みを進め、最後には勝利を手にしたのだ。

だが、子どものころにこの物語を初めて聞いたとき、私はがっかりした。カメのように、まるで足の生えた岩のごとく、ノロノロと勝利に向かって進んでいくのはいやだったからだ。私は走りたかったのだ。まるで、カメのためにお膳立てされた世界に迷い込んだウサギのような気分になった。どうりで自分のポテンシャルをフルに引き出すのが難しかったわけだ。カメが成功の象徴だとしても、自分が根っからのウサギなら、どうしようもない。

カメだらけのこの星にはうんざりだ！　私はウサギというより、むしろ被害者だといっていい！　だって、この世の中のあらゆる仕組みが、こちらの不利になるようにできているのだから。「自分とは正反対の人間になりなさい」と言われて、どうして可能性を最大限に発揮できるだろう？

この矛盾が私のその後の人生を決めた。

私はもともと、特定の目標に向けてコツコツと努力するのが得意ではない。下の娘に「パパはＯＣＤかＮｏＣＤのどっちかだと思うわ」と言われたこともある。つまり、過集中か完全に無関心かのどちらかということだ。私には何もしないか爆発的に動くかの２択しかない。

大学生のときには最初の学期でＧＰＡ〔学生の成績評価の指標。一定以上の水準を維持しないと奨学金が打ち切られる〕２・４をとり、すべての奨学金を失いかねないところまで追いつめられた。そこで後期を4・0で駆け抜けてその窮地から脱した。その年の成績の平均をBにするのに、これ以上危なっかしいやり方はないだろう。その後も同じような綱渡りを何度もくり返しながらなんとか卒業まで逃げ切った。

それから12年後、私はこのゼロか100かで行動するという悪い習慣から抜け出しはじめたが、それは成熟したからでも賢くなったからでもない。ブログが軌道に乗りだしたとき、コツコツと作業をしているときにこそうまくいくのだという事実に気づかざるをえなかったからだ。日々つづる内容で、毎回ホームランを打つ必要はなかった。たとえ内容が平凡でも一貫性さえあれば、非凡だがムラのあるコンテンツを凌駕できる。はじめはクオリティが高くなくても——そもそも何かをはじめるときに最初からうまくできる人などいないわけだが——コツコツ続ければ前に進める。これが成り立つのは、時間とパフォーマンスについてのシンプルな法則——すなわち「なんであれ、時間をかけたものはうまくなる」という法則のおかげだ。

なんであれ、時間をかけたものはうまくなる。

先月よりも運動する時間が長ければ、今月は体の調子がよくなる。

一緒に過ごす時間を増やせば、それだけ子どもたちのことを理解できる。

クライアントにサービスを提供する時間を増やせば、その分、もらえる仕事も増える。

読書に多くの時間を割けば、思いつくアイデアの数も多くなる。

求人に応募し、面接を受け、人脈をつくることに時間を費やせば、それだけ職を得られる可能性はあがる。

飲酒や喫煙など、本質的に有害な行為はさておき、それ以外で人生においてこの法則があてはまらないゲームを探すほうが難しい。

カメがウサギに勝つのは、速いからではない。カメには中間のギアがあるが、ウサギには〝走る〟か〝寝る〟のどちらかしかないからだ。レースがはじまるとすぐ、ウサギは飛びだしていき、一気にカメを負かそうとする。お話にも書かれているとおり、「ウサギの姿はすぐに見えなく」なる。

コンフォートゾーンから抜け出し、イージーゴールを達成したあなたも、すぐに〝見えなくなる〟ほどの差をつけようとして、カオスゾーンに飛び込みたくなる。

友だちも家族も、急に全力疾走をはじめたあなたを見て、あぜんとする。たんに健康的な食事をするというのにとどまらず、ホール・サーティー〔砂糖、穀物、乳製品、アルコールなどを摂らない、30日間の食事プログラム〕をはじめたあなたは、冷蔵庫の中身をすさまじい勢いで入れ替えはじめたのだ。このプログラムに理解を示してくれないかもしれないという理由で、友だちの家にまで自前の食べものを詰めたタッパーを持っていく。ゼロからいきなり100に行動を振り切ったことで、周りの人たちを当惑させているのだ。

だがこれはよくあることなので、本当にあなたがこうした行動をとったことがあるとしても、恥ずかしがらなくて大丈夫だ。こうなってしまうのは、「イージーゴールでの勝利がこれほど気持ちいいなら、大きなゴールを達成したら、この100倍の快感が得られるだろう」と考えるからだ。ボタンを押すと小さなエサが出てくることを知ったサルが、そのボタンを連打しはじめるように、私たちは人生のギアを〝走る〟に切りかえる――これが〝止まる（寝る）〟以外に知っている唯一のギアだからだ。そして結局、何が起きたのかもわからないままに、気づけばカオスゾーンにはまっている。

だが、ここでちょっと冷静に考えてみよう。であれば、私たちはたったいま、ポテンシャルゾーンを通りすぎてしまったということなのだろうか？　ポテンシャルゾーンを突っ切って、コンフォートゾーンからカオスゾーンに一足飛びに飛び込んでしまったのか？　じつはそのとおりだ。だからこうしたやり方は「ヨーヨーダイエット」と呼ばれるのだ。〝暴飲暴食〟か〝いっさい食べない〟か、〝ごちそう〟か〝断食〟かの両極端。ギアが2つしかなければ、コンフォートゾーンかカオスゾーンのどちらかにしか行きつかない。だが、その両極の真ん中にこそ、真の楽土――つまり、ポテンシャルゾーンがある。そしてそこにたどりつくには、ミドルゴールが必要なのだ。

ミドルゴール

ポテンシャルゾーンのもっともすばらしいところは、範囲がとても広いことだ。0から100の物差しで考えてみると、0はコンフォートゾーンで、100はカオスゾーンだ。では1から99は何にあたるのか？　そう。ポテンシャルゾーンである。0以上であれば1で、100以下であれば99。そのあいだはすべてポテンシャルゾーンだ。よってそこにとどまるのに、何かを正確かつ完璧にこなす必要はない。ただ、やりつづければいい。マラソンでは、スタートラインとゴールラインの幅、それぞれ50センチを除いた、残りの42・194キロがレースである。ちゃんとしたミドルゴールがあれば、不安を感じることなくやるべきことを着実に進められるし、その道中で正しい方向に進んでいることを示す、以下の5つのサインがおのずと見えてくる。

1．ミドルゴールは30日から90日で達成できる

クロスフィットのトレーニングを20回こなすには、私の場合30日かかる。これはイージーゴールではない。1日1回として、忙しいスケジュールの合間を縫って20日にわたって時間を確保しなければならないからだ。ただ、イージーゴールで味わった達成感のおかげで、自分ならやりきれるとわかっていたので、進んでやる気になった。

たとえば、あなたの目標が週末をはさんだ3連休などで達成できるものだとしたら、それはミドルゴールではない。また、終えるのに6カ月かかるなら、それもミドルゴールではない。達成にかかるまでの時間は、正しくミドルゴールを設定できているかを一番てっとりばやく確認できる指標だ。

2．ミドルゴールはフレキシブル

ミドルゴールは、ペースをつくって着実にやるべきことを進めるために使うもの。だから、さまざまな取り組み方ができるようにしておくことが重要だ。要は、巨大な十徳ナイフが手元にあると考えればいい。仮に「走るのはお気に入りの道だけ」「最低でも3時間は書きつづける」「自宅をオフィスとして粛々とビジネスプランに取り組む」など、何かを追求するときに1つの〝刃〟だけに頼っていたのでは、なかなか進歩は望めない。だが、目標にとってプラスとなるさまざまな行動を十徳ナイフにとりつけていけば、いつでも何かしらのアクションをとれる状態になる。

たとえば私は、体調が万全で、朝に自由な時間が何時間かとれるときは、はりきって執筆をする。だが、飛行機に乗っていて体が疲れているときは、かわりにオーディオブックを聞く。それもできないほど疲れ切っているなら、書こうとしているテーマについてのドキュメンタリーを見る。元気でもないし疲れてもいないのなら、すでに書いた原稿の見直しをする。私には、本を書くという目標を果たすためのアクションが25種類もある。25のツールがついた十徳ナイフを持っているようなものだ。そのおかげで、どんな時間や場所、体調でも、目標に向かって進んでいける。あなたも、なるべくフレキシブルに、日々の生活のなかですこし時間が空いたときにとりうるアクションをたくさん用意しておくといい。ドキュメンタリーを見る。腕立て伏せを10回する。15分間部屋の片付けをする。「なんだ、そんなことか」と思うかもしれないが、これまでまったく動かなかった人間にとって、すこしでも前に進めば、それは大きな進歩なのだ。

3. ミドルゴールは1日休んだくらいではバラバラになったりしない

われわれはペースをつくろうとしているのであって、完璧を目指しているわけではない。途中で何日か取り組みがとぎれてしまうことはあるだろう。30日、あるいは90日のあいだ1日も休まず続けられるということはまずない。期間が長めなので、遅れを取り戻すチャンスが十分あるのがミドルゴールのいいところだ。

私の友人は、そうしたやり方で歩く量を目標に近づけていった。彼女のミドルゴールは、1日に1万歩、歩くこと。月単位で考えると膨大な量だ。そしてはじめてすぐに、どうしてもノルマをこなせない日があるのがわかった。スケジュールの都合上2000歩しか歩けず、挫折感で目標そのものをあきらめてしまいかねなかった。そこで彼女はルールを変え、1週間に7万歩を目標にすることにした。こうすれば、たとえば火曜日に思うように歩けなくても、週末に遅れを取り戻せる。

もしあなたが、まったく同じペースで取り組みを続けていけるのなら、それはすばらしいことだ。その場合はそのままでいいだろう。だが、そうでないなら、自分に遅れを取り戻すチャンスをあげよう。ガチガチであそびがなく、そのせいで崩れやすい目標は、よいミドルゴールとはいえない。

4. ミドルゴールではスケジュールの調整が推奨される

イージーゴールは、スケジュールなんてほとんど気にしなくても達成できる。だが、ミドルゴールの場合、もうすこし頭を使って進める必要がある。1週間のうち3パーセントほど——すなわち、およそ5時間をミドルゴールにあてることはできるだろうか？

こう聞くと、私がつねにストップウォッチを持って「この作業にあと2、3分は使わなければ」と叫んでいる姿を思い浮かべる人もいるかもしれないが、それほど細かく気にする必要はない。ただ、作業を時間に置き換えるというのは、有効な考え方だ。

「イージーゴールをミドルゴールに変えるには忙しすぎる」というのは、「1週間のうち3パーセントの時間も確保できないくらい忙しい。たしかに自分は心から人生を変えたいと思っている。でも、とにかく週の3パーセントのスケジュールを変えるのも無理なんだ」と言っているに等しい。もしあなたがリーダーだったとして、部下のひとりが仕事のやり方の3パーセントを変えることすら拒んだとしたらどうだろう。その部下が本当はキャリアについて真剣に考えていないことが、すぐにわかるのではないか。

5. ミドルゴールにはある程度の我慢が必要

私は我慢ができない人間だ。エレベーターのボタンを、押せば押すほど早く来ると思って連打してしまうし、ユーチューブの動画も、再生前に5秒間の広告がはさまるだけで見るのをやめてしまう。電子レンジも、カウントダウンが終わるまで待ったためしがなく、「もういいだろう!」と途中で中身を取り出してしまい、いつも、まだ凍ったままの食べものをかき混ぜるはめになる。それほど私は我慢が嫌いだ。でも、何かまともなことを達成するには、我慢がいる。

ミドルゴールでは、やるべきことを一気に片付けることはできないので、どうしても我慢が必要になる。ミドルゴールを達成するにはすくなくとも1カ月はかかる。仮にその月のあいだビタミンを摂りつづけるのがゴールだとして、最後の日にすべてのビタミンを一気に摂ってもしかたがない。ミドルゴールは一夜漬けでは達成できないので、ペースをつくらなければならない。1日1日、時間をかけて集中する必要がある。何日か休んでしまった分の遅れを取り戻すことはできても、一気呵成にすべてを終わらせることはできないのだ。

では、どのような目標がミドルゴールにふさわしいのだろうか？　それにはまず、どんなイージーゴールが自分に合っていたかを考えてみよう。私でいえば、1週間のあいだ、執筆に費やした時間をはかってみるというイージーゴールがよかった。ちょっとだけゲームとして試してみたら、期間を1カ月にのばしても面白いかもしれないと思えたからだ。

ちなみに、すべてのイージーゴールがミドルゴールに昇格するわけではない。私の場合、試してみたイージーゴールのうち、ハシゴをあがっていって、最終的にギャランティードゴールに達するのは、だいたい2割程度しかない。たとえば、ためしに1週間、コラーゲンを毎朝コーヒーに入れて飲んでみたところ、それは1カ月になり、ついには1年になった。そしてこの原稿を書いているいま、私はテキサス州のサンアントニオへの旅行にも、コラーゲンの小袋を持ってきている（ちなみにこれは、膝のためであって、唇をぷるぷるにするためではない。私の唇はすでにふっくらしすぎている）。つまりこれはミドルゴールになったわけだが、〝膝関連〟のほかのイージーゴールはそうはならなかった。

以前、膝の専門家の勧めにしたがって、毎日100歩、後ろ向きに歩くというエクササイズをしてみたことがある。ただ、きっと効果はあるのだろうが、楽しくなかったし、なによりそんな妙なことを家の近所でやるのが恥ずかしかった。そのため私はこのイージーゴールから4日で撤退した。ミドルゴールにする必要はないと判断したのだ。

本書を書くにあたっての研究調査で、われわれは何千人もの人に、目標を設定して、それに挑戦してもらった。その際、とくに力を入れてテストしたのが、ミドルゴールだ。本を1冊書くとか、体重を何十キロも落とすとか、会社を立ち上げるといった、大きな目標ではなく、ミドルゴールに焦点をあてたのである。私は参加者に15分で終わるアクションを3つ選んで、90日にわたってそれを着実に実行するよう促した。そして、チェックリストつきの表を渡したり、動画でアドバイスをしたり、毎日テキストメッセージでリマインダーを送ったりしてサポートし、できるだけ楽にゲームを進めてもらえるようにした。

だが最初はみな、このやり方が気に入らないようだった。もっとスピードをあげたいのだ。初日のレッスンを終えたとき、「え、これで終わり?」という雰囲気が漂っていたのは間違いない。目標設定に関する研究プロジェクトに参加を志願する人にカメはいない。みなウサギなのだ。だが、90日が経つと、ミドルゴールがうまく機能したことがわかった。

参加者のうち92パーセントが、以前よりも自分のポテンシャルを引き出すことができたと回答した。これはすばらしい数字だが、私がもっとうれしかったのは、88パーセントが、小さな行動に集中することで、大きな目標についても深く考えられるようになったと答えたことだ。一度ペースができると、それはほかのことにも波及していく。小さくて簡単なことでまずペースをつかめば、ほかのより大きな目標にもいい影響があるのだ。

作家のアンジェラ・ベルフォードは「自前のプラットフォームをつくること」をミドルゴールにした。インターネットを通じて、自分のビジネスをサポートしてくれる視聴者を獲得する

**一度ペースができると、
それはほかのことにも
波及していく。**

ジョン・エイカフ

#AllItTakesIsAGoal

チャンスが誰にでも開かれているいま、こうした目標を掲げる人は多い。そしてアンジェラは、このミドルゴールの成果を私にシェアしてくれた。

(1)メールマガジンの読者を獲得するための日記を、4週間のあいだ毎日書いた。(2)ポッドキャストを立ち上げ、昨日の時点で5つめのエピソードを投稿した。(3)自身初の5日間のオンラインチャレンジをスタートした。

これらはすべてアンジェラが新たに達成したことだが、興味深いのは、こうしたミドルゴールによって、忘れていた昔の目標がふたたびよみがえったことだ。本人いわく「2017年に『ビー・フリーキング・オーサム』という本を書いたんだけど、2018年以降はぜんぜん宣伝していなかった」そうだ。〝頑固な自分〟がその本を本棚にしまい込んだまま出そうとしなかったのだ。だが、ポテンシャルゾーンでの過ごし方を身に付けた彼女は、こう言っている。「正直言ってここ3カ月で、前の3年よりもたくさんのことができちゃったわ！　ウフフフフ！」

かつての目標が復活し、実際に結果が出たときのうれしさをあなたは知っているだろうか？　アンジェラはまさにそれを味わったわけだ。

これと同じような経験をしたケイト・ホモナイは、一種、自虐風の言い方でその結果を報告してくれた。彼女は「私はこのチャレンジの結果として、以下のような副作用が起きても苦情を申し立てないことを誓います」と書いている。では、その〝副作用〟とは何なのか？

(1)あまりに簡単に1マイルを歩けるようになってしまった。それくらい歩いたくらいではほとんど心拍数が変わらない体になってしまったので、トラッキングデバイスに運動をしたときのポイントが入らない。(2)計画を立てる時間を10分確保するだけで、1日があまりにスムーズに進みすぎてしまう。うっかり何かを忘れることも、あせることもなくなってしまった。これであらゆるものごとに責任を持ってあたっているといえるのだろうか？

ミドルゴールは魔法だ。小さな行動をコツコツ積み上げた先には、必ず大きなベストモーメントが待っている。モニカ・ラムが選択した3つの目標は、すべて進化していった。

(1)「毎日決まった時間に起きる」は「決まった時間に起きて、計画を立てる」になった。(2)「1日1マイル歩く」は2マイル、3マイルと伸びていき、さらにそこに「歩数を計測する」「食べる物を記録する」「5キロ体重を落とす」という目標が加わった。(3)「毎日、自前のプラットフォームづくりに15分をあてる」はまったく新しいミッションを追求するための手段となった。

こうして進化する可能性を秘めているのが、ミドルゴールの面白いところだ。もしモニカが最初から「毎日3マイル歩く」というミドルゴールを掲げていたら、きっとその量にくじけて、途中でやめていただろう。まったく運動の習慣がなかったのに、いきなり3マイル歩くのを目標にするというのは、カオスゾーンに突っ込むやり方だ。かわりに、彼女はまずは1マイルを目標にすることで、ポテンシャルゾーンを見つけた。そしてそれを2マイル、3マイルと伸ばしていき、歩数を測って食べものの記録をつけ、結局は5キロちかく体重を落としたのだ。

これからモニカは10キロやせるかもしれないし、1日に5マイル歩くようになるかもしれない。あるいはハーフマラソンを完走するかもしれない。一度ポテンシャルゾーンの力を解放すれば、どんな夢も実現可能に思えてくる。彼女はその気になれば、みずからのミドルゴールを、より大きなギャランティードゴールに変えることが可能なのだ。そしてこれは、あなたにもできる。

レニー・マイルドブラントはすばらしいミドルゴールを設定して、見事ゲームで勝利をおさめた。それは「1日に100ワードで十分」というものだった。以前は「もし1日に1000ワード書けないなら、書く必要などない」と自分に言いきかせて、ゲームを難しくしていた。これはいかにも立派な目標だが、このやり方では実際には1ワードも書けなかった。カオスゾーンに突っ込んでしまったからだ。カオスゾーンにいると、人はつねに、クリアするのが不可能なレベルの基準を自分に押しつけてしまう。

プレイする回数が増えれば増えるほど、勝つ回数も増える。

おそらくレニーは、最初は1日に100ワードずつコツコツ書くというのが〝本物のライター〟のやることだとは思えなかったにちがいない。でも彼女からもらった手紙を読むと、この方法が功を奏していることがわかる。そこには「現時点で7万4002ワードまできました。今月中には本を書き上げる予定です」とあった。ミドルゴールのおかげで、彼女はついに本を1冊書くところまできたのだ。

参加者たちの話を聞き、報告書を読み進めるごとに、このような話はいくらでも出てくる。しかもその理由は単純だ。

ミドルゴールを設定してカオスゾーンを避ければ、燃え尽きてギブアップすることはなくなる。すると選んだゲームがなんであれ、結果としてより頻繁にプレイすることになる。そしてプレイする回数が増えれば増えるほど、勝つ回数も増える。勝つ回数が増えれば、さらにプレイする回数が増える。良いサイクルができるわけだ。

すべてはとても簡単な話に思える。そうだろう？　だが、ゼネラル・エレクトリックの代表から退任に追い込まれた元CEOのジェフリー・イメルトは、外野からの〝私があなたの立場だったらこうしたのに〟という類いの批判に対して、「どんな仕事も、端から見れば簡単に思えるものだ」[1]という真理をついた言葉で応じている。実際、成功するにはかなりの量の努力が必要なのだ。そこをごまかしてもしかたがない。

その名のとおり、ミドルゴールはイージーゴールよりも難しい。そのため原則として、限られた、もっとも貴重な、どうやっても増やすことのできないリソース——すなわち〝時間〟をより多く費やすことになる。時間がありあまっている人など、人類史上ひとりも存在しない。きっと洞窟に住んでいたわれわれの祖先だって、マンモスを狩ったり、壁に絵を描いたり、サーベルタイガーから逃げたりするのに忙しくて、〝自分の時間〟が持てないと嘆いていたにちがいない。

タイムマネジメントは誰にとっても簡単ではない。ただ、現代人にとってはより難しいものとなる。なぜなら洞窟の時代とは違って、ポケットのなかに〝カジノ〟があるからだ。

9 カレンダーを占拠せよ

Plan a Calendar Heist

可能性を発揮するのは難しい。なぜならネットフリックスを見るのは簡単だから。インスタグラムを、フェイスブックをチェックするのは簡単だから。

いままで、こうした企業のサービスと自分の可能性を並べて考える機会はほとんどなかったかもしれない。だが、ぜひそうすべきだ。

Xはあなたに事業をはじめてほしいとは思っていない。ティックトックはあなたにハーフマラソンを走ってほしいとは思っていない。出会い系アプリでさえ、あなたに末永く幸せな結婚をしてほしいとは思っていないのだ。無意味なデートを100回でもくり返して、退会することなく、サービスのサブスクリプション代をずっと払いつづけてほしいと思っているだけだ。

あなたが一念発起して自分の可能性を開拓するために時間を使いはじめ、暇つぶしの時間を減らすと、その事実にナーバスになる人たちが世の中にはごまんといる。本当だ。現代社会は、個人が可能性を最大限に発揮して生きるのが、とても難しい形にできている。

フェイスブックが抱える5万8456人の社員は、ひとり残らず、ある目的に向かって働いている。あなたの気をそらすことだ。彼らの目的は、あなたを高校時代の古い友だちとつなげることではない。あなたがチンチラ好きであることも、隣町で同好の士を見つけたことも眼中にない。新しいニュースを届けようともしていない。ただ、あなたの関心を広告収入に変えようとしているだけ。これは当たり前の話だ。だってフェイスブックは利用者の気を引くことで成り立っているアテンションベースのビジネスなのだから。ほかにもあなたの時間を奪うことに事業全体が依存している会社はいくつもある。だから、もしいまあなたが、ミドルゴールのための時間を確保するのに苦戦していたとしても、自分を責めないでほしい。そもそも状況は不利なのだ。

なぜこうなったのか？　どうして現代社会では、ポテンシャルを発揮することがそれほど難しくなっているのか？　それは〝気をそらす技術〟がとてつもないスピードで広がり、私たちの集中力を凌駕するようになったからだ。この20年、こうした技術は想像を絶するスピードで進化した。

私がはじめて買った携帯電話には暇つぶしとして、「スネーク」というゲームが入っていた。覚えている人はいるだろうか？　同世代の人なら、この名前を聞いてクスッとくるかもしれない。２ビットの白黒のゲームで、ヘビに見立てた線がスクリーンのなかをゆっくりとうねる。夢中になったものだ。

当時は、それがその携帯電話の唯一の暇つぶしだった。

だが現在、私のスマホにはありとあらゆるエンターテイメントが入っている。何千、何万種類ものゲームやポッドキャスト。数百万冊もの本。ユーチューブに毎分アップロードされる500時間を超える動画にも、いつでもアクセスすることができる。さらに、大人気の最新のソーシャルメディアを通じて、これまで会ったことがある人や、学生時代の友だち、サイトにアップされている動画に出ている人ともすぐに交流できる。ザ・ロックのインスタグラムにコメントすることだってできるのだ！

あなたの時間を奪うことに事業全体が依存している会社はいくつもある。

しかも、スマホに入っている電卓以外のすべてのアプリは、おそらく私たちから何かしらの形でお金をとろうとしている。

つまり、われわれのポケットのなかには〝カジノ〟があるのだ。これはたとえではなく、本当の話だ。なぜならソフトウェアデザイナーたちは「説得的デザイン」と呼ばれる手法で、カジノ業界で確立されたテクニックを使ってアプリをつくっているからだ。オリバー・バークマンは、著書『限りある時間の使い方』（かんき出版、2022年）のなかでこのことを指摘している。

数多くある例のうちの1つは、よく使われている、画面を下にスワイプして更新するジェスチャーだ。これはいわゆる「変動報酬」という現象を利用して、ユーザーをスクロールしつづけるよう仕向ける仕掛けである。ここでは、画面を更新しても新しい投稿が現れるかどうかはわからない。その不確実性のせいで、ユーザーはまるで、スロットマシーンのレバーを押しつづけるように、何度も何度も画面を更新する可能性が高くなる。[1]

これでは現代人がスマホに夢中になってしまうのも無理はない。私は前にも触れた、コスタリカへの家族旅行のときに、ある場面を目撃したことでそれを確信した。私たちは太平洋を望む巨大なインフィニティ・プール〔外枠に当たる部分を水で覆うことで、外の景色との境目が見えないようにしたプール〕がある、崖の上のすばらしいホテルに泊まっていた。夕方になると、まるで壁にかけてあった絵が床に滑り落ちてくるように、夕日が沈む。さらに、獣使いがタイミングを見計らって放したかのように、つがいのコンゴウインコが飛んでくる。まさに絶景だった。

しかしある日の夕方、その夕焼けを見つめていると、周りにいる20人ほどの人がみな、スマホの画面をのぞきこんでいるのに気づいた。誰ひとりとしてこの夕焼けを見ていなかったのだ。その瞬間、私は悟った。コスタリカの夕焼けですらスマホの誘惑にかなわないのなら、スマホに気を散らされずに目標に向かって努力するのは至難の業だ、と。この絶景でも勝てないのだ。平日の火曜日にオフィスにいるときに、どうしてものごとに集中できるだろう。

あなたはこれまで、こうした事実について考えたことがあるだろうか？　難しい目標に集中しようとすればするほど、気を散らそうとする音も大きくなる。逆にいえば、私はネットフリックスでドラマを一気見している途中で気が散ったことは一度もない。インスタグラムの画面をスクロールしているときも、ユーチューブにどっぷりハマっているときもそうだ（インターネット史上、ユーチューブで1つしか動画を見なかった人など存在するのだろうか？）。こうしたときに集中するのはたやすい。だが、大事なこととなると集中するのは大変だ。

よって、自分の可能性を引き出すというゲームでは、あなたは不利な状況におかれている――とはいえ、必ず負けると決まったわけではない。ただ、ここで最新のタイムマネジメントの手法や生産性を向上させるアプローチはいらない。そんなやり方であの〝カジノ〟に勝てるわけがない。勝利をおさめるのに必要なのは、シンプルなたった1つの質問だけだ。

ToDoリストが決して終わらない理由

じつのところ、ほとんどの目標は〝見通しの甘い嘘〟だ。あまりきついことはいいたくないが、これは事実である。

それでも私たちは、いつかそれを果たせる日が来ると信じて、意気揚々と宣言をする。

私は走る！

私は本を書く！　事業を興す。やせる。体にいいものを食べる。よく寝る。ほかにも意識の高いことをたくさんする！　自分の大きな可能性をいつか引き出すんだ、と。

だが、私はかつてとあるカウンセラーから、それでは『言霊の世界《バーバル・リアリティ》』に生きている――つまり、何かを口に出せば、それが実現すると思い込んでいるだけだ、といわれたことがある。しかもこれは、自分がポテンシャルゾーンにいないことを示す危険信号でもあるのだ。

これは旅行の準備にたとえるとわかりやすい。私は読書が好きだ。なので、1週間の旅行に行くなら7冊は持っていく。まるで下着のように、毎日違う本を。するとスーツケースはとんでもなく重くなり、空港まで小型の図書館をひきずっていくような感じになってしまう。

そして旅行中に実際に読むのは、1冊めの半分だけ。本を7冊もビーチに〝輸出〟してメキシコ湾を前に開帳し、〝輸入〟して自宅に持ち帰ってきたわけだ。なんともすばらしい旅行ではないか。1300キロちかい距離を運んでおきながら、そのうちの9割は開きもしなかったのである。

だが、旅に出る前、私はすべての本を読むと思い込んでいたし、持っていかないという選択肢など考えられなかった。これは、規模は小さいが（重量としては大きい）〝見通しの甘い嘘〟である。なぜ嘘なのかといえば、1日に300ページのビジネス書を読み切ったことなどそれまでに一度もなく、ましてや7日間で7冊読むなんてありえないからだ。どうして自分が急に速読ができると思ったのだろう。しかも休暇中に。

旅の1週間で、毎日6時間ずつ本を読むなんて想定していなかった。子どもたちがビーチでフリスビーをしたいと言ったり、妻が散歩しようと誘ってくれたら、本なんて放り出すつもりだった。つまり、私の目標――予想した読書量――は完全に現実のスケジュールとかけ離れた〝見通しの甘い嘘〟だったのである。

さて。この問題に対処するにはどうすればいいか？　必要なのはたった1つ――「それをいつやるのか？」という問いに答えればいい。

誰かからやりたいことについての相談を受けたとき、私はいつも最初にこの質問をする――「いつやるの？」と。

「なぜやりたいのか」「どうやってやるつもりなのか」「誰が助けてくれるのか」などについては、とりあえず気にしない。

〝いつ〟が重要なのは、ミドルゴールに割ける時間がそもそもなければ、いくら大切な動機があろうと意味がないからだ。私は、本書の調査研究への参加者のひとりである、カリフォルニア州ロサンゼルスからきたメリッサ・Cにも最初にこの質問をぶつけた。調査のさなか、彼女は自身の可能性を引き出したいと語りながらも、同時にさまざまな問題に直面していたのだった。

私は妻としての役割を果たしながら、子どもを学校に通わせずに自宅で教育しています。ホームスクーリングのアカデミーのウェブサイトを管理する契約を結んでいて、講師として授業を受けもつこともあります。また、パートで訪問販売の仕事もしていますし、キリスト教を広めるために文章を書いたり、説教をしたいという気持ちもあります。音楽の勉強も再開しました。キルト縫いもやってみたいです。息子たちが成長してひとり立ちをする前に、まずは家を片付けて、模様替えをしたいです。心を鍛えて強い人間になりたいとも思っています。やりたいことと、やらなければいけないことのバランスをどうやってとればいいでしょうか?

彼女の言っていることをじっくりと見直してみると、そこには12種類もの、立場や責任、目標が詰め込まれている。これよりも数が多いか少ないかはさておき、あなたの人生もまた、同じように忙しいだろう。

やるべきことが多すぎて時間が足りないという現実に直面すると、私たちは魔法のような解決策を探しはじめる。まだ試していないやり方や、読んでいない本、ダウンロードしていないアプリが、この問題をあっさり解決してくれるのではないか、と。

だが、残念ながらそんなものはない。私は過去25年にわたって、何十、何百という方法を試してきた。要は、「タイムマネジメントのために、多くの時間を費やしてきた」のだが、こう文章にしてみるとなんだか皮肉だ。これでは、ミニマリストになるための本を何冊も買い込んだというのと同じではないか。

時間不足を魔法のように解決する方法はない。だが、耳寄りな情報がある。きっとこの真実を知れば楽になれるはずだ。ズバリいって、あなたが忙しい理由は「現実のスケジュールよりも、多くのことを思い描いているから」だ。

人はつねに、自分の持ち時間に比べて、大きすぎるＴｏＤｏリストを抱えている。現実の日程で達成可能な量を超えたことを思い描いているからだ。日程というのは、一律で小さな時間の枠がつらなったものだ。だが、あなたの想像力はそれとはまったく逆で、果てもなければ底もない。変化し、成長し、移り変わる。そして想像力は単独ではなく、あなたの人生と関係する人々――妻や夫、子ども、同僚、友人職場の上司など――の想像力と組み合わさる。関わる人たちはみなが、それぞれの期待ややるべきことを持った状態で、とっちらかった、しかし夢いっぱいの思惑をあなたの人生に持ち込んでくる。だから、現実の日程ですべてをこなしきれるわけがない！

思い描くことは、現実のスケジュールよりも大きい

今度、１日の終わりにやるべきことがすべて片付かなかったのに罪悪感をおぼえたら、この言葉を付箋に書いて、パソコンのモニターに貼っておこう。「思い描くことは、現実のスケジュールよりも大きい」。そうすれば、間違いなく気分は軽くなる。だが、さらに一歩進んで、なんとか目標に取り組みたいなら「それをいつやるのか？」という問いに答えなければならない。

メリッサ・Ｃのうんざりするようなとうリストを見て、私は彼女にひとつ質問をした。

「いま、目標にあてられる時間はどれくらいありますか？」。これはあなたにも問いかけたい質問だ。

するとまず間違いなく、「わかりません」という答えが返ってくる。

時間は戻ることはなく、つねに過ぎ去っていくものだということは誰でも知っている。それでも多くの人は時間が〝どこに行ってしまったのか〟を把握していない。では、タイムオーディット〔自分がどのように時間を使っているかを記録・分析すること〕をするのはどうか。「時間はどれくらいありますか？」と聞かれたときにそう考える人は多い。そして、たとえば30分をひとかたまりとして、1、2週間にわたって毎日、「通勤に30分」「子どもたちの学校の準備に30分」「ミーティングに2時間」などと書き出していく。だが、これはかなり大変だ。

私自身、過去にこのアプローチを試したことがあり、ポッドキャストをまるまる1回使ってとりあげたこともある。だがいまの私たちの目的にはあまり役に立たないかもしれない。ややこしいうえに、「着替えに37秒かかったからそれも書いておこう」のように完璧主義にも陥りがちだ。また、こうしたやり方は、1週間が、つねに同じようなスケジュールで進行するという楽観的な予想にもとづいている。だが、実際はそうはいかない。毎週、1時間単位の計画を立ててそのとおり行動できるという考えは非現実的だ。人生は、もっと流動的でダイナミックなものなのだから。

さらにタイムオーディットの大きな問題点は、目標に継続的に取り組むうえで必要不可欠だと私が信じている、「すぐに手に入る小さな勝利」がないことだ。ゴールに向かって出発してすぐ、続けるためのモチベーションを与えてくれる小さな喜びや成長の実感がなければうまくいかない。もしあなたがいま、自分の可能性を発揮できていないと感じていたとして、いきなり難しい課題に挑むのと、とりあえず小さな勝利を手にするのでは、どちらがやる気が出るだろうか？

答えは言わずもがなだろう。問題はそれをどうやって手に入れるのかだ。

それには最初の15分を〝奪い返せば〟いい。

ジョニー・デップのことはあなたの目標とは関係ない

とつぜんだが、飛行機の座席に座ってから実際に飛び立つまで、だいたい30分ほどかかることをご存じだろうか？　私は、何十回か記録をとって平均を出すことでようやくこの事実に気づいた。ちなみに最短で22分、最長では1時間8分かかっていた。

そして私は、ここ10年で５００回は飛行機に乗っているのに、そこにある30分の空き時間を見逃してしまっていた。合計２５０時間だ。だいたい５００時間あれば本を1冊書ける。つまり、本の半分を書けるだけの時間が目の前にあるのがわからなかったわけだ。では、なぜこの事実に気づくことができたのか？　自分の可能性を活用することに集中しはじめたら、意識が高まり、時間を取り戻してやろうという気持ちになったからだ。

そう。時間を〝増やす〟ことはできない。時間は〝奪い返す〟ものだ。

1日を1時間長くすることはできない。1週間に8日めを、1年に13カ月めを加えることもできない。だが、注意深く時間を見つめ、それを取り戻して、好きなことに使うことはできる。

もしあなたが偶然、飛行機のなかで私を見かけたら、きっと本を読んでいるはずだ。私のギャランティードゴールの1つは、1年で52冊の本を読むことである。だが、あちこちに散らばっている30分の塊を取り戻さないかぎり、そんな時間を確保することは不可能だ。だから隣の席の人がスマホをいじっているあいだに、私は本を読む。

こうした空き時間はたくさんある。基本的にはそれを意識して、取り戻せばいいだけだ。

ジョニー・デップが名誉棄損裁判をしていたとき、私はふと思ったことをツイートした。

@ジョン・エイカフ

忙しくてしたいことができないといいながら、「ジョニー・デップとアンバー・ハードの裁判」という、いわば勝者のいないむなしいスポーツイベントのようなものを何時間も追いかけている人にいいことを教えてあげよう。あなたは忙しくない。本を書こう。ランニングしよう。自分のビジネスを立ち上げよう。[2]

「ジョニー・デップとアンバー・ハードの裁判」の部分は「ウィル・スミスの殴打事件」に置き換えてもいい。「カーダシアン・ファミリーの最新動向」や「オンラインゲーム『ファンタジー・フットボール』のチームづくり」、あるいはそのほかのどうでもいい暇つぶしを入れてもいい。

そんなのたいしたことじゃない。それにかかる15分や30分がなんだというのか、と思う人もいるだろう。だが、それが積み重なるとおおごとになる。もし今年100回飛行機に乗れば、50時間を取り戻せるのだ。これは、普段の1週間でやりたいことに取り組める時間よりも多い。ここには大きな可能性がある。

だから、あなたもまずは最初の15分を取り戻そう。

いきなり10時間を確保しようなどと思わないことだ。ましてや、プロレベルになるのに必要だという1万時間を確保しようなんて思ってはならない。

まずは最初の15分を見つけよう。

あなたは今週、ミドルゴールに取り組むための時間をどこかから15分とってくることはできるだろうか？　1週間は全部で10080分ある。そのうちの15分を取り戻せるだろうか？

答えはもちろん「イエス」だろう。この本の読者のなかに「ジョン、ぼくは自分の可能性をもっと活かしたい。すばらしい成果を出したいし、自分自身を変えたいんだ！　でも10080分のうちの15分を確保するのは難しい。忙しくて無理だ」という人はひとりもいないはずだ。

私が心配しているのはそういうことではない。きっと誰もそんなふうには思わない。逆に「15分じゃぜんぜん足りない」という反応が返ってくるはずだ。ハイパフォーマーは、新しいプロジェクトに全力で取り組みたいと思って、いつもそう言う。

たしかに、そこだけを切りとれば、最初の15分だけでは足りないと思うのも無理はない。だが、ここにはあなたが見逃している3つの事実がある。

1．15分はゼロよりもはるかに大きい

先週、目標に取り組んだ時間がゼロだったとしたら、今週の15分は計り知れないほど大きい。ぜひ、ここを比較しよう。15分を10時間や10週間と比べてはならない。15分とゼロを比べるのだ。そうすれば「たしかに何もしないよりもぜんぜんいい。それは間違いない」と思えるはずだ。

2．15分は世界を変える

15分あれば、思ったよりもはるかに多くのことを成し遂げられる。エイブラハム・リンカーンのゲティスバーグ演説はたったの2分間だ。わずか120秒で、あの演説はこの国のありかたを大きく変えた。スペースシャトルは8分半で大気圏をつきぬける。9分足らずで、地球のすべてがバックミラーにおさまってしまうわけだ。私の妻へのプロポーズは、30秒しかかから

なかった。もちろん彼女に「イエス」と言わせるのにはもっと時間がかかった。それでも片膝をつくのも、結婚指輪を差し出すのも、すべてがあっというまの出来事だった。人生のなかで、15分でできることはいくらでもある。

3．ものごとに勢いをつけるのはいつも最初の15分

「どんな旅でも、一番大変なのは最初の一歩」という古い格言があるが、これはすこし言いすぎだと思う。本当に大変なのは、旅の途中だ。どんなゴールへの道のりも、そのまっただ中にいるときが一番つらい。ただ、もちろん最初の一歩も簡単ではない。とくに目標に取り組むことへの恐怖が長年にわたって体に染みついているときには。作家なら白紙のページ、起業を目指す人なら法人設立届出書、やせたいと思っている人なら初めてのヨガのレッスン——こうしたものを前にして、ためらう気持ちはわかる。でも、最初の15分さえ乗り切ってしまえば、もう大丈夫だ。いったん動き出せば、恐怖心などあっというまに消えてしまう。何かをはじめるには長い助走期間が必要だと思いがちだが、ほとんどの場合、最初の15分だけで十分なのだ。

さて、ここまでくれば、15分という時間に十分な価値があることはわかっていただけたのではないか。だが、それでもあなたの頭には、「じゃあ、どこに空き時間を見つければいいのか？」というある意味当然の疑問が浮かんでいるかもしれない。

その答えは、〝隙間〟だ。

誰もが見失っている時間

スーザン・ロバートソンは最近、オンラインで学位を取得した。すばらしい！　では彼女はどこで勉強に励んだのか？　この偉業を成し遂げた彼女自身の言葉を借りれば、「子どもを学校に送り迎えするときの車待ちの列に並んでいる時間を使った」というのが答えだ。もちろん〝一気に〟ではない。それでは世界最長の行列になってしまう。車が動くのを待つあいだにすこしずつすこしずつ勉強して、スーザンはついに学位をとったのである。

ジェイソン・デイリーはアトランタの空港で飛行機を待っているあいだに、自身の会社をつくりあげた。あのフラストレーション渦巻く空港は、同時に可能性にも満ちているわけだ。あなたはカンザスシティ行きのフライトが遅れたことに腹を立てるかわりに、新しい会社を立ち上げるだけの時間を取り戻せるかもしれないのである。

ヴァレリー・リヒターは待ち時間の多い人生を送っているが、彼女はその時間を〝健康ゲーム〟にあてている。「待ち時間に体を動かすのが好きなんです。電子レンジやオーブンに何かを放り込んで、できあがりを待っているあいだに壁に手をついて腕立て伏せをしたり、スクワットをしたり、その場で足踏みをしたりするんです」

E・ベックはこうしたやり方を「ながら運動」と名付けた。「私のお気に入りは、片足立ちでバランスをとりながら歯を磨くことです」

アリソン・オランは待ち時間を〝楽しみ〟に使っている。「おかしなことをしているのはわかってますが、私はいつも髪を乾かしながら、20分のあいだ、読書を楽しんでいます」と言う。僭越ながら言わせてもらえば、これはおかしくもなんともない。すばらしいことだ。

アン・ラーゲの見つけた空き時間は、誰もが真似できるものだった。それはズームミーティングがはじまる前だ。「私はいつも、10分か15分前にはログインして待機しています。だからズームミーティングがあるたびに、それだけの待ち時間があるんです」。では、彼女は何をしたのか？　〝キャリアゲーム〟にあてたのだ。タスクリストの優先順位を見直して、お礼状を書き、スケジュールを調整し、ときにはその週の食事の献立を考える。

ジェニファー・ホグは短く区切った時間の活用がとても有効なのに気づいたので、それをあえて日々のルーティーンに組み込んでいる。「20分早く起きて、1時間の昼休みもフル活用して、寝る前にも20分時間をとります。こうするだけで、1日に100分も時間が使えるようになったんです」と彼女は言った。やるべきことの合間に目標に取り組むのが、ジェニファーの人生にとってとても大きな意味を持つようになった。もちろんこれはいつも簡単にできるわけではないが、「でも、〝絶対にそうする〟と決めています。だって、〝なんとなくそうしたい気分になる〟なんてありえないからです」。そして彼女は「成功の行方は細切れの短い時間にかかっている」という真理に気づいた。ほかのことをやりながら、その合間に個人的な目標に向き合うというやり方に、計り知れない価値があることがわかったのだ。

いま挙げた人たちも、与えられた時間という点では、私やあなたとまったく同じだ。だが、私が気づくのに数十年かかったことを彼らはすでに知っている。

すなわち、分単位の時間の大切さを。

仮にミドルゴールがギャランティードゴールに発展し、たとえば「学位をとる」というような達成に数年を要する目標になったとしても、その数年はすべて、分単位の時間の積み重ねだし、そうした時間は日々の生活のなかにたくさん隠れている。さらにいえば、細かな時間を見つけるだけでなく、それにあわせた細かな行動も重要だ。E・ベックは歯磨きに2分かかることに気づき、その2分にさしこめる行動を思いついた。ジェイソン・デイリーは空港で47分待ち時間があるのに気づいた。そしてその大きさにあった行動をとった。

スーザン・ロバートソンが、車待ちの列に並んでいるあいだにオンラインで学位を取得したのも、これと同じである。彼女は場所がどこであろうと、どれだけ細切れの時間であろうと、それを活用してコツコツ前に進むためのさまざまなアクションを手元に揃えていたのだ。「授業の動画を見たり、テキストの読み上げ音声を聞いたりするだけでもいいので、時間を有効に使いました」と彼女は言う。ミドルゴールをフレキシブルにしておくのが重要なのは、このためだ。

私が9冊の本を書くことができたのは、十徳ナイフのようにいろいろなアクションを揃えていたおかげでもある。ほとんどの作家は、「2時間執筆する」とか「あるトピックについてじっくり調べる」といった、せいぜい2、3個ほどの選択肢を持っているだけであり、ふいにできた15分の空き時間を有効活用するためのアクションがない。しかし私は持っているし、あなたも持つべきだ。そうすれば特定の時間やしかるべき状況が整ったときだけでなく、一日中いつでもゲームをプレイできるからだ。また、やるべきことがわからずに、時間をムダにするということもなくなる。美容院で、前の客がおしゃべりだったせいで予定がずれ込んでしまったとしても問題ない。ただ、キンドルで10分、本を読む時間ができるだけだ。

くだらない行動から分単位で時間を取り返し、しかるべき行動にあてるのは、とても気分がいい。そうすれば、ソーシャルメディアのような暇つぶしに対する考え方だけでなく、それ以外の多くの面で変化があるはずだ。

自分の時間を大切にするようになれば、くよくよしたり心配したりするのももったいないと思うようになる。ストレスが「よお。お前が先週言ってた、あのくだらないことについて、1時間じっくり考えようぜ」と誘ってきたとしても、「いや、けっこうだ。その1時間があれば、できることがたくさんあるからね」と思えるようになる。自分の可能性を追求していれば、くよくよするのは割りにあわないことがわかってくる。

もちろん心配事が完全になくなるわけではない。ただ、目標に向かって努力しはじめて、ふと気がつくと、不安や恐怖を感じたり、何かを疑ったりしている時間が減っているのだ。時間

細かな時間を
見つけるだけでなく
それにあわせた
細かな行動も
重要

ジョン・エイカフ #AllItTakesIsAGoal

という限られたリソースの大切さが身に染みて、役に立たないことには、おいそれと使えないようになるわけだ。

これが可能性を発揮して生きるための基本原則の1つだ。つまり、時間のムダを避けるよう自分を戒めるのではなく、大切なことに打ち込むあまり、気づけば、いままでにないほど規則正しく行動するようになっている、ということだ。

それはたんに〝時間の問題〟

十分な時間をかければ、なんでも成し遂げられる。意外なことに、私はそれを、地元である〝テネシー州〟から教わることになった。

この州では、ティーンエイジャーは運転免許の取得試験を受ける前に、50時間、同乗者付きで車を運転する必要がある。これがなかなか大変で、前半の25時間は、同乗者にとってまさに命がけだ。とくに最初のうちは、致命的な事故を起こしかけたり、「おいおい、もう死ぬぞ！」と叫んで娘のひんしゅくを買った回数が時計がわりになるような状態だった。

だが、この文章を書いているたったいま、娘がスイミングスクールに通うために家の庭から車を出しているのが見える。娘は、いままではどこに出かけるときもひとりで運転している。では、「おいおい、もう死ぬぞ！」から、「学校帰りに店によって牛乳を買ってきてくれるかな？」

へと状況を変化させたものは何なのか？

〝時間〟だ。

恐怖におびえて、車を運転するなんて絶対に無理だ、と思い込んでいたティーンエイジャーが、50時間ほどで、優れたドライバーに生まれ変わる。キッチンのカウンターにハサミを出しっぱなしにしておいたら、自分の髪を切ってしまったあの子。コンセントにフォークを突っ込んだらどうなるだろうと思いついて、自宅の1階の電気をすべてショートさせてしまったあの子。小学校に上がる前、私を驚かせようとして、車のドアにドライバーで「ハッピーバースデイ」の文字を彫り込んでしまったあの子。

あの子が車を運転するのだ！

あの子が、50時間をかけて車の走らせかたを学び、クローバー型立体交差路を通って、トレーラーの隣を並走し、ラッシュアワーにふいの大雨に見舞われながらも、ひとりで目的地にたどりつけるようになるのだ。

あなたなら、その時間で何ができるだろう？

新しい仕事を見つけるために50時間をかけたらどうなるだろう？　副業に50時間、取り組んだら？　うまくいっているとはいいがたい結婚生活の改善に50時間をかけたら？

とにかく最初の15分からはじめよう。出だしからあせったりせず、着実に。ただ、これだけは覚えておこう。とるにたりないことから時間を取り戻すのがうまくなればなるほど、やるべきことにより多くの時間を割けるということを。

また、そうして細切れの時間を使うことは、不安に打ち勝つための最良の方法でもある。自分のなかの恐怖心が「お前には起業なんて無理だ」と言ってきたら、それに反論してはいけない。話をそらして「起業なんてどうでもいいんだ。ただ、5時間、10時間、20時間、50時間とゲームをして、どうなるか見てみるだけさ」と返せばいい。

本当にやせられるのか？　それはわからない。でも、タイマーをセットして5分間、散歩をすることはできるはずだ。マーサ・スチュワートのように、家中をピカピカになるくらいきれいにできるか？　それもわからない。しかし、今週3時間をかけてどこかしらを片付けることはできるはず。ルシタニア号の悲劇について、史実にもとづいた骨太なノンフィクションを書き上げられるか？　わからない。だが、10時間かけて構想を練れば、思った以上のインスピレーションを得ることはできるだろう。

時間というのは資源であるとともに、道具でもある。私は手強いタスクにぶつかったときは、時間ごとに分割してみる。メールの受信ボックスがあふれてしまったときは、一気に片付けようとするのではなく、30分だけ整理することにする。テキサス州サンアントニオのホテルの部屋にいて、本格的なトレーニングをする気になれないときは、タイマーを45分にセットして、とにかくすこしだけやってみる。本の執筆が心に重くのしかかってきたときは、時間を区切ってとりかかる。本書を書くのに全部で６００時間かかったが、それはすべて15分、30分、60分を積み上げたものだ。

とるにたりないことから時間を奪い返そう。そして最初の15分を見つけたら、さらに隙間時間を探すのだ。そうすれば、〝時間〟はつねに足りないものではなく、とぎれなく供給されるリソースに変わり、コツコツと着実なペースで前進していくための明確な指標になってくれるだろう。

つらさを乗り越えるには結果しかない

ミドルゴールは、カオスゾーンを避け、時間を取り戻すのに役立つし、ときにはギャランティードゴールに進化することもある。だが、ひとつ忠告しておくと、取り組みはじめたばかりのときには違和感をおぼえるはずだ。

全力で突っ走るわけでも止まるわけでもなく、ペースを調整しながら進むというのは、慣れないうちはまるで左手で文字を書いているような、妙な感じがするものだ。つまりわれわれの心はまだ、ウサギなのである。私も、「ゴールのハシゴの真ん中の段で時間をムダにしたくない。一番上の段をつかんで、一気にギャランティードゴールまで駆けあがりたい」と思った。

だが、結局はそうはしなかった。これは自制心のおかげではなく、いくつかのミドルゴールに取り組んでみた結果からだ。数日が数週間になり、数週間が数カ月になったことで、自分と自分のチームが積み上げた進歩が目に見えるようになった。つまり、このアプローチによる結果が出はじめたのだ。キャリアは上向いてきた。コンスタントに本を書き、ハーフマラソンも完走した。私はもう、すべての可能性をムダにしてしまった落ちこぼれの大学生のときとは違う。目標を持っただけで、ここまでくることができたのだ。

だが、ものごとが軌道に乗りはじめたまさにそのとき、間違った燃料を、そうとは気づかないままに使ってしまったせいで、あやうくすべてをダメにしてしまうところだった。

THE FUEL

燃料

10 お気に入りの燃料を見つける

Find Your Favorite Fuel

いったん〝頑固な自分〟を動かすことができたら、そのまま止まらずに動きつづけたい。ポテンシャルゾーンに入れたら、ずっとそこにいたい。一度学んだ教訓は、一生忘れずにいたい。私はそう思うことがある。だが、豊かで充実した人生というのは、コンフォートゾーンやカオスゾーンからの脱出の連続であって、均一で平板なものではない。

２０１９年に、私はマサチューセッツ州イプスウィッチのドヨン小学校の3年生だったときから思いつづけてきた目標を達成した。つまり、作家になったのだ。さらに世界中を旅しながら、さまざまな企業にアイデアをシェアしつつ、自分のビジネスも手がけていた。10年ほど前に、ブログによってコンフォートゾーンを脱出してから、思えばずいぶんと遠くまできたような気分だった。

こう書いてみるとすべてが順調に聞こえるかもしれない。だが、じつは危機はもうそこまで迫っていて、そのことは私よりも妻のほうが先に気づいていた。人生でも最高の出版契約書にサインした数日後――ポテンシャルゾーンのピークとでもいうべきその瞬間に、私は妻のジェニーの言葉に驚かされることになる。「ジョン。本を書いていた2年間、あなたは最低だったし、本を売ろうとしていたそのあとの2年間も最低だった」

その後、私たちはキッチンで小一時間、話し合ったが、最後に彼女は私をハッとさせるような宣言をした。「こんなんじゃ結婚生活はうまくいかない。不幸な作家より、幸せな配管工と一緒にいるほうがよっぽどいいわ」。彼女の言いたいことを飲み込むのに、1週間はかかった。

それまで、本を2冊書くという大きなプロジェクトに腰を据えて取り組むにあたって、私はみずからを奮いたたせる必要があった。そして当時は、自分にプレッシャーをかける以外の方法を知らなかった。

ピンチとカオスと恐怖だけが燃料だったのだ。

もうやるしかないというところまで追い込まれないかぎり、ひらめきを生みだすことはできなかった。自分を窮地に追いつめて、退路を断ち、締め切りがもうそこまで迫っているという状況にならなければ、やる気がでなかった。

イソップの童話では、ウサギは楽しいから走ったのではない。レースに負けそうになっているのに気づいて、パニックになって走った。私のやり方も同じだった。プロジェクトが大きければ大きいほど多くの燃料がいるため、モチベーションをあげるために大きなカオスをつくりださなければならなかった。4年にわたる本のプロジェクトをやりとげるために、ストレスのレベルをマックスまで上げる必要があったのだ。

あなたはこれまで〝火消し〟が得意なリーダーのもとで働いたことがあるだろうか？　ピンチのときにこそ、彼らは輝く。困難に立ち向かい、損害を防ぎ、間一髪で危機を乗り越える。だが、消し止めるべき火がないとき、彼らは自分の存在意義を疑い、意気消沈する。するとどうするか？　みずからふたたび火をおこすのだ。そうすればまた、みなの役に立てると思って。しかし、これではもうリーダーではない。ただの放火魔である。

企業のセミナーで私がこの話をすると、聞いている人たちはお互いに肘でつつきあったり、近くに座っている上司の顔を見たりする。これは目を背けたくなるような真実であり、カオスゾーンの極地だ。コンフォートゾーンとカオスゾーンのあいだを行ったり来たりするかわりに、嵐の吹きすさぶ極地に店を構えるのと変わらない。そこはまるでラスベガスのストリップ劇場のようにギラギラしていて、騒々しくて、緊張感がある。だから最初のうちは、「自分はいままさに生きている」という実感を与えてくれる。

だが、最初のうちは問題が起きないからこそ、始末に負えないのだ。そんなやり方をしなくても、私たちは人生の火事を消火することで、健全な形でインスピレーションを得ることができる。

1980年代にリチャード・ベッカードとルーベン・T・ハリスは、実際に変化を生みだすために必要な要素を示す、有名な公式をつくった。それは、「D×V×F∨R」というものだ。Dは、現状に対する不満（dissatisfaction）。Vは未来のビジョン（vision）。Fはとるべき最初の手順（first step）。Rは変化への抵抗（resistance）を意味する。

つまり、現状に強い不満を抱いており、未来のビジョンが十分に大きく、とるべき最初の手順がはっきりしていれば、抵抗を乗り越えて、実際に変化を生みだすことができる、ということだ。

医者から、生活習慣を変えなければ将来的に健康を害しますよ、と言われたのであれば、その〝不満〟を使って、行動を起こせるかもしれない。

もし上司に解雇されても、次の職場でうまくやれれば、自分に対する評価が間違いだったことを証明するチャンスになるだろう。

好きな人にフラれたからというのは、ジムへの入会を決意するもっともよくある理由のひとつだ。

痛みは変化を促してくれる。これはすばらしいことだ――最初のうちは。

だが結局、痛みは以下の理由によって〝持続可能な燃料〟にはなりえない。

1．痛みはおさまる

うまくいけば、危機は過ぎ去る。医者に言われたとおり、体重を落とす。解雇されたあと、新しい職を得る。クレジットカードの借金を完済する。パンデミックですら、いずれは終息する。そうなったとき、もし痛みだけが唯一の燃料であれば、あなたの胸のなかに残るのは「じゃあ、これからはどうすればいいんだろう?」という苦い思いだけだ。

変わりたいと思う理由が痛みだけなら、痛みがなくなれば、そこで動くのをやめるか、あえて新たなピンチをつくりだすしかない。ある芸能プロダクションの社長は、いまだにサバイバルモードのままの社員がいて困っていると話していた。パンデミックのさなか、この会社は人員を減らしたため、この社員は3人分の仕事をこなさなければならなくなった。だが、彼はそれを見事にやりきり、自分の所属する小さな部署の窮地を救い、危機の波に乗って成功をおさめたのだ。だがそれから1年が経ち、会社が人員を元に戻したにもかかわらず、彼はまだめちゃくちゃなスピードで突っ走っており、もう3人分の仕事をする必要はないことを認めようとしない。そして、新しく入ってきた同僚と責任をわかちあうこともせず、躍起になってプロジェクトを進め、右往左往しながらミスばかりしている。すでに痛みはおさまっているのに、彼はその状況にあわせることもなく、すでに危機の去ったオフィスで大きな問題を引き起こしていたのだ。

2. 人は痛みを忘れる

私ははじめて歯の根管治療を受けたとき、まさに人生最悪の経験だと思った。とにかくそのすべてがしんどかったため、これからは絶対にていねいに歯を磨くと誓った。二度と同じ治療を受けるはめにはなるまいと心に決めたのだ。しかし、またやってしまった。痛みによって、最初の1、2週間は、心を入れ替えてしっかりと歯を磨こうという気になったものの、結局は元に戻ってしまったのだ。痛みの記憶が遠くなればなるほど、モチベーションの源としての効果は薄れていった。去年の根管治療の痛みだけでは、私はフロスを続ける気になれなかった。

3. 痛みは恨みにかわる

もし、〝誰かの間違いを証明すること〟を目的として行動してしまうと、あなたはその過程で間違いなく傷つくことになる。うまく処理できない痛みは、しばしば恨みに変わる。最後には、実際には存在しない相手と戦うはめになる。倒すべき敵であるはずの昔の上司は、すでにあなたのことを忘れている。いまは結婚して2人の子どもがいる元彼女と別れるはめになったのは、学生時代の彼女はまだ未熟で、本当の関係の築き方を知らなかったからにすぎない。褒めてもらいたいと思っていた父親は10年も前に亡くなっているが、それでもあなたはモチベーションの源として父の承認を得ることにしがみつきつづけている、などなど。燃料としての〝痛み〟は、結局はあなたを満たすのではなく、空っぽにしてしまう。

こうしたことを頭ではちゃんと理解していたにもかかわらず、私はあのままだったら、〝痛み〟と〝危機〟を燃料として使いつづけただろう。長年にわたってモチベーションの源として使ってきたものを、手放すのは難しいからだ。成功体験がある場合には、とくにそう言える。だが、妻から「一緒にいてもむなしいだけ」と言われたことで、ストレスはやる気の源ではなく、体調不良の原因になり、頑張って築き上げた夢のような喜びあふれる仕事も、苦役に変わっていった。

私はふたたび行き詰まったのだ。

本当は、もっともっとみずからの可能性を引き出したかった。だが、最後には自分を燃えがらにしてしまうような燃料を使うやり方しか、私は知らなかった。スペースシャトルでも、大気圏を脱出したあとはブースターロケットを切り離す。「固体燃料はロケットが飛び立つときの推進力にはなるが、一度火がついたらあとは燃えつづけるだけなので、用途が限られる」[1]。要するに、固体燃料はいったん燃えはじめたら、力の加減ができない。だから完全に切り離すしかない、ということだ。

その時点で、宇宙飛行士は「ミッション全体を通じて、好きなときに発進、停止が可能で、宇宙を旅するのに最適な[2]」液体燃料に切りかえる。逆に、固体燃料のロケットは〝危機〟と同じように、大気圏から脱出するという、たった1つの用途しかない。新たな場所に進みたいのなら、頼ることはできないわけだ。

私はブースターロケットに頼っていた。でも、宇宙すべてを旅したかった。だから新しい燃料が必要だった。

ポテンシャルゾーンの燃料

15年前、ジョージア州アルファレッタの公園で立ち話をしているとき、ある友人から受けた質問に驚かされたことがある。「なぜ君の奥さんのお父さんはまだ働いてるの？」

当時、義父はまだ50代前半だったが、高校を卒業後にスプリンクラーの設備を点検する仕事に就いて以来、多くのことを成し遂げていた。大学を出ていないにもかかわらず、いくつもの企業で頭角を現し、国内で2番めに大きな非上場の建築会社で、あるエリアの代表を務めていた。何億ドルものプロジェクトを取り仕切る、いろいろな意味で〝あがりの人〟だと言ってよかった。しかしそれでも私は、50代前半の義父が引退していて当たり前だという友人の意見にあっけにとられていた。

「もう働く必要はないだろう。ゴルフでもやってゆっくり過ごせばいいじゃないか」と、義父がとらなかった選択肢に思いを馳せながら、友人は続けた。「それなのに、なぜ彼はまだ働いているんだい？」

ただ、たしかにこれは、成功者の誰にでもあてはまる、いい質問ではある。オプラ・ウィンフリーやジェフ・ベゾスやウォーレン・バフェットは、なぜまだ働いているのか？　あきらかにお金が目的ではないだろう。

あなたは、ウォーレン・バフェットがいまだに激務をこなしている理由が、２０００億ドル稼ぐことを目標にしているからだと思うだろうか？　その額に達したら、彼は働くのをやめるだろうか？　そうではないはずだ。お金はとうの昔にバフェットの原動力ではなくなっている。だからこそ彼は２００６年に、みずからの資産を手放すことを宣言したのだ。「生きているあいだか死んだあとかは決めていませんが、私は自分の資産の99パーセント以上を慈善事業に寄付することにしました」。彼が１０００億ドル以上の資産を持っていることを考えると、これはとても強烈な言葉だ。だが、理由を聞くと、さらにそのインパクトは増す。「自分たちのために使うのは、私の持つ株券（バークシャー・ハサウェイの株）の1％以下で十分です。それ以上使っても、われわれは幸せにも、満ち足りた気分にもなりません。しかし、残りの99％はほかの人たちの健康や幸福に大きく寄与するはずです」[3]

まだかけだしだったころの、バフェットのモチベーションの源は、お金だったかもしれない。だが、彼はだいぶ前にそれを〝持続可能な燃料〟に切りかえている。ハイパフォーマーは旅の途中で、ポテンシャルゾーンにとどまるために、必ず一時的な燃料から持続可能な燃料に切りかえるものだ。

ポテンシャルゾーンは特別な場所であり、普通の燃料でそこにいつづけることはできない。そこにとどまるために使えるのは、以下の4種類の燃料だけだ。

1．インパクト
2．技術
3．コミュニティ
4．ストーリー

さて、この4つの言葉になんとなくピンとくるものがあると思った人もいるかもしれない。じつは、これらはあなたが自分のベストモーメントリストのなかに見つけた、成果、経験、関係、物という要素を、最高のレベルまで高めたものなのだ。

最高の〝成果〟は、世界に〝インパクト〟を与える。

最高の〝経験〟は、〝技術〟の追求から生まれる。

最高の〝関係〟は、つねに〝コミュニティ〟に発展する。

最高の〝物〟は、〝ストーリー〟を語る。

この4つこそが、ミドルゴールを達成するための、もっともパワフルで持続性のある燃料だ。

ミドルゴールというのはそう簡単なものではない。何かに1カ月から3カ月のあいだ、本気で取り組みたいと思うのであれば、コンフォートゾーンを抜け出すためのコツ以上のもの——つまり、燃料が必要になる。

ポテンシャルゾーンの燃料

1. インパクト
2. 技術
3. コミュニティ
4. ストーリー

ジョン・エイカフ　#AllItTakesIsAGoal

あなたのベストモーメントリストに載っている、最高の瞬間の多くが〝関係〟にもとづくものならば、あなたをもっとも奮いたたせる燃料は〝コミュニティ〟だ。リストのなかに〝経験〟が多いなら〝技術〟が、〝成果〟に燃えるタイプなら〝インパクト〟が一番効果的だ。

リストに4種類の最高の瞬間が入り乱れているなら、燃料も自分の好きな割合で4つをミックスすればいい。燃料の使い方は人によってそれぞれ異なる。

ウォーレン・バフェットは〝インパクト〟で動く。イーロン・マスクが成功したのは〝技術〟のおかげだ。オプラ・ウィンフリーは〝コミュニティ〟の力を信じている。では、あなたはどうなのか？　それをこれから一緒に見つけていこう。

私はきっとウォーレン・バフェットのように億万長者にはなれないし、イーロン・マスクのように火星を目指すこともなければ、オプラ・ウィンフリーのようにテレビ番組でスタジオにいる視聴者全員に「あなたにも車が当たったのよ！」と叫ぶこともないだろう。それでも、自分のなかに眠っている、残り半分の可能性を目覚めさせるには、正しい燃料が必要だ。そして、それはあなたも同じだ。

11 最高の成果を達成する

Achieve the Best Kind of Accomplishment

スコット・ハリソンは28歳にしてすべてを手に入れた。ニューヨークでクラブのプロモーターとして成功した彼は、ＢＭＷを乗り回し、マンハッタンのマンションにグランドピアノを置き、ファッション誌のカバーを飾るモデルとデートし、週末はミラノ、パリ、ロンドンを飛び回っていた。仕事はシンプルで、豪華なクラブに、原価40ドルのシャンパンに１０００ドルを払うような見栄えのする客を大勢呼び寄せること。そして彼はその仕事をとてもうまくこなした。バドワイザーが、彼に公の場で自社の商品を飲んでもらうためだけに、月に４０００ドルも支払うほどで、インターネットが普及する前から、彼はすでにインフルエンサーだったのだ。子ども時代は病弱な母を看病して過ごしたが、成長すると大都会で夢のような生活を送るようになり、みずからの望みをすべてかなえていた——最初の燃料が底をつきはじめるまでは[1]。

あなたも何らかの分野で優れた力を発揮して、富や名声、権力を手に入れることができるかもしれない。ただ、はじめからそれを目的に生きるよりも、良い人生を過ごした結果として手に入るほうがいい。だが、スコットは20代にして、かなりの成功者でも人生の後半にならないとたどりつかないようなところまで到達していた。

「そのときぼくは気づいた。そのままじゃ、どこまでいっても満足できないということにね」私がポッドキャストでインタビューしたとき、彼はそう答えた。「もしいま死んだら、なんの目的もない人生だったということになる。墓には『多くの人を酔っ払わせたクラブのプロモーター、ここに眠る』と刻まれて、それで終わりさ」。いくらなんでもそれはいいすぎだろうと思ったが、それでもスコットが自分の可能性をまだまだ活かせていないと感じているのは間違いなかった。

「ぼくは荒れていた。モラルもなくなり、心も壊れかけた」。当時の彼には、変化への抵抗を打ち破るだけの、不満と痛みがあった。もう、同じ場所にはいたくなかったのだ。「人生をもう一度やり直して、目的を見つけられるかどうか、役に立てるかどうかを確かめたかったんだ」

自分は誰かの役に立てるのか？　何かを変えられるのか？　自分の人生に意味はあるのか？　こうした問いは、私たちが使える最高の燃料のひとつである〝インパクト〟の入り口になることが多い。だが、クラブのプロモーターが、どうして世の中にインパクトを与えられるだろう。そこで得たスキルは役に立ちそうもなく、世界を変えようとする人間にふさわしい職業とはとても思えなかった。

さっそく行き詰まったスコットだったが、じつはかつて、ギリギリの成績ながらフォトジャーナリズムの学位を取っていた。本人いわく「ぼくはせいぜいCマイナスとかDプラスぐらいの生徒だった」ということだが（大学時代を棒に振ったのは、私だけではなかったようだ）。そしてスコットは、カメラとその魅力あふれるキャラクターを武器に、はったりだけで世界最貧国であるリベリアへと向かう医療船に乗り込むことに成功した。綿密に計画を立てたわけでも、10年後のビジョンがあるわけでもなかった。ただ、これまでのコンフォートゾーンがもうダメになっており、自分を取り巻く状況を変えずにはいられなかっただけだ。

マーシーシップスという慈善団体が運航するこの定期船には、大勢の医療スタッフが乗っており、彼らはリベリアのサッカー場に１５００人のキャパシティを持つ診療所を設営した。スコットはそこで初めて見る光景を写真におさめながら、そこに５０００人以上の患者が押し寄せたことに衝撃を受けていた。「結局、３５００人もの病人に、なんの治療もせずに帰ってもらうしかなかった。とにかく医者もリソースも足りないんだ。彼らが医者に診てもらおうと、隣の国から1カ月以上もかけて歩いてやってきたことをあとから知って、涙が出てきたのを覚えている。シエラレオネやコートジボワール、ギニアから子どもを連れてやってきたんだ。もしかしたら医者に診てもらえば子どもが助かるかもしれないという一心で……。でも医者の数が足りなかった」

西アフリカにきてしょっぱなから大きなショックを受けたスコットだったが、まだこれで終わりではなかった。「農村部に行くと、汚れた水を飲んでいる人たちを生まれて初めて見た。ほんの数週間前まで、ぼくはクラブでVOSSの水を1ボトル10ドルで売っていたんだ。同じ世界の光景とは思えなかったよ」

そうして人道支援活動の現実を学んでいったある日、スコットの目に、すべての問題の元凶とでもいうべき、ある数字が飛び込んできた。「この国の病気の50パーセントが、安全ではない水と不衛生な環境に起因することをぼくは知った。まさに大発見をした気分だったね」

すぐさま医療船に戻ったスコットは、その地域で25年働いている主席医務官に話をした。「彼に『この国の人は命を危険にさらすような水を飲んでいます』と伝えたら、『じゃあ、その問題に取り組んでみたらどうだい？　私は手術によって毎年数千人を救う。でも、もし君が7億人にきれいな水を提供できれば、それはどんな医者よりもすごいことなんじゃないかな？』」

こうした出来事に出くわしたとき、人間の反応は2つに分かれる。ありえない非現実的な夢物語ととるか、自分の人生を変える無尽蔵の燃料源ととるか。スコットが選んだのは後者だった。

自分が世の中に与えうるインパクトの大きさが垣間見えたとき、取り組むべき問題の大きさは逆風ではなく追い風となる。なぜならそれは、その問題を解決しようという意欲が決して尽きないことを意味するからだ。

スコットは新たな風を胸にニューヨークに戻った。しかし慈善団体を立ち上げるための細かな計画が頭のなかにあったわけではなかったので、とりあえず、自分のできることからミッションをスタートすることにした。

「ナイトクラブで自分の誕生日パーティーを開くことしか思いつかなかった。無料のパーティーを開催すれば、寄付が集まるんじゃないかと思ったんだ」。じつのところ、世界を変えるのにまったく違う人間に生まれ変わる必要はない。たいていはすでに持っているものを、すこし違った形で使えばいいだけだ。

スコットは次のようなメールを送った。「ぼくの31歳の誕生日に、ニューヨークのミートパッキング・ディストリクトのクラブにきて、入場料として20ドルを寄付してほしい」。このカジュアルなパーティーは、チャリティーウォーターという慈善団体のはじまりとなり、その夜だけで1万5000ドルもの現金が寄付された。

取り組むべき問題の大きさは逆風ではなく追い風になる。なぜならそれは、その問題を解決しようという意欲が決して尽きないことを意味するから。

それから15年。スコットとチャリティーウォーターは7億ドルもの資金を集め、これまでに29カ国で1500万人ちかい人にきれいな水を届けている。

これこそが〝インパクト〟であり、尽きることのない燃料だ。そしてスコットと同じく、あなたもこの燃料を使うことができる。

あなたの〝アフリカ〟を見つける

ただ、スコットの身に起きたような壮大な物語を耳にすると、「そんなの自分にはとても無理だ」と思ってしまうのも無理はない。私だってそうだ。じつのところ、スコット本人だって、この物語がはじまったばかりのときに、そんなことを聞かされたら、同じような反応をするだろう。あのサッカー場で、病気の子どもを家に連れて帰る親たちを見て涙を流していた彼に、「大丈夫だよ。スコット。君はこれから7億ドルを集めて、世界を変えることになるんだから」と伝えたとしても、信じるわけがない。

きっと彼は、いまあなたが考えているのと同じことを言うだろう。「そんなの自分にはとても無理だ」と。そんなことが現実になるなんてとても思えなかったはずだ。あの時の彼が想像できたのは、ナイトクラブでパーティーをひらいて、うまくいくか試してみることぐらいだった。〝インパクト〟は、いつもそうやってはじまる。ささいな出来事として、さまざまな形で現れるのだ。

世界を変えるのに7億ドルを集める必要はない。ときにはメールを1通送るだけでいいこともある。世界を変えたいと思うなら、今日、ひとりでいいので誰かを励まそう。私はそれをミドルゴールにして1カ月取り組んだ。毎日、誰かに励ましのメールを送ったのだ。文面は次のようなものだった。「今日は君がいかにクリエイティブかについて考えていた。アートやイノベーションについて誰かと話すとき、ぼくはいつも君のことを例に出すんだ！」

こうしたメールをいきなり送りつける。それでも、いままで「そんなメール、欲しくなかった。もう最悪だよ」などといわれたことは一度もない。

たいていはまったく逆の反応が返ってくる。「まさかと思うかもしれないけど、ぼくはその言葉を待ってたんだ。おかげで最高の1日になったよ！」

たった60秒で書ける30ワードのメールで、誰かの1日を良いものにできる。〝インパクト〟の費用対効果はバツグンで、投資したリソースよりもはるかに大きなものが返ってくることがほとんどだ。

あなたがやろうとしているのが、大勢の人を救うためにきれいな水を届けることだろうと、ひとりの友だちを励ますためにメールを送ることだろうと、あるいはそうした〝インパクト〟の両極の中間にあるものだろうと関係ない。自分の目指すものによって世界がどう変わるかがわかれば、継続的にそれに取り組む力がわいてくる。

自分の目指すものによって世界がどう変わるかがわかれば、継続的にそれに取り組む力がわいてくる。

自分の体を鍛えておくことは、家族にもいい影響を与える。私がランニングをするのは、エンドルフィンが出て、妻や子どもに優しくすることができるからでもある。

クレジットカードの借金を返しておくことは、自分の属するコミュニティにもプラスになる。卒業した高校の吹奏楽団が募金を募っていたとして、借金がなければ寄付ができる。寄付したお金を使って楽団がチューバを買えば、学校になじめない2年生が、音楽への情熱に目覚め、つらい高校生活を乗り切ることができるかもしれない（たとえあなたがこれから彼と顔をあわせることがなかったとしても）。

ポッドキャストをはじめて、思いきって両親の離婚の話をシェアすれば、その勇気が、あなたが行ったこともない国の誰かに影響を与えるかもしれない。

自分の可能性を活かすために一歩を踏み出すたび、あなたは世の中に思った以上のインパクトを与えることができる。これがポテンシャルゾーンにとどまるにあたって、インパクトが優れた燃料になる理由の1つだ。この燃料はいつでも使えるし、尽きることがない。インパクトの力を使うには、「これを達成したら世の中にどんな影響があるのか？」と自分に問いかけてみればいい。

たとえば医療従事者たちは、仕事のストレスに押しつぶされることが多い。法律はつねに変化し、労働時間は長く、職責は極めて重い。普通の人なら、疲れ切った自分をなぐさめるために「別に人の命がかかってるわけじゃない」とか「脳の手術じゃあるまいし」などのセリフを口にできるが、医師、看護師、医療管理者には無理だ。彼らの仕事にはほとんどの場合、本当に人命がかかっている。

ある日の午後、とある病院を訪れた私は、そこで必死に激務をこなしている大勢のスタッフにインパクトを与える質問を投げかけた。「いったいあなたたちは誰のために、こんなに大変な仕事をしているのですか？」

その場は一瞬、静寂に包まれたが、ほどなくしてひとりの女性が手を挙げてこう言った。「私がこの仕事をしているのは『ドナー・ウォーク』のためです」

その言葉は初耳だったので、彼女に意味を尋ねたところ「自分の臓器を提供しようとするドナーが手術室に向かうときのことを、私たちは『ドナー・ウォーク』と呼んでいます。そのときは、看護師、医師、事務職員をはじめとするスタッフ全員がホールに並んで拍手をします。私はその瞬間のためにこの仕事をしているんです」という答えが返ってきた。

仕事がつらい日や、ミドルゴールはおろかイージーゴールにすら取り組む気になれないとき、彼女は自分の仕事がその瞬間をつくりだすためのインパクトを与えていることに思いを馳せる。彼女はドナー・ウォークの一端を担っている。そしてドナー・ウォークは、人の命を救うのだ。

また、教師に「誰のためにこんなに大変な仕事をしているのですか？」という質問をぶつけてみると、例外なく、医療従事者たちと似た部分がありながらも、教師特有の答えが返ってくる。たとえば、「私がこの仕事をしているのは〝過去の自分のため〟です。中学生のときに両親が離婚して、私は大きなショックを受けました。成績は急降下して、生活態度は荒れ、人生がバラバラになっていきました。しかも、先生たちは誰もそれに気づいてくれなかった。私はもし自分と同じような子どもがいたら、絶対に手を差し伸べます。だから〝過去の自分のため〟なんです」というような。

これが〝インパクト〟だ。もし、自分を動かすエネルギーが尽きかけていると感じることがあったら、すこし時間をとって考えてみてほしい。あなたのやっていることで、誰かの人生が良くなっていることを。そして、仮にいまの人生にそう思えることが1つも見つからないというなら、それこそアフリカに向かう船に乗り込むか――すくなくとも友だちに励ましのメールを送るときなのかもしれない。

インパクトの燃料タンクが完全に空っぽになったとき

ある日の午後、友人から電話があり、悩みについて相談された。最近、ふとしたことから、自分のキャリアにおおいに疑問を抱くようになったという。こうした〝気づき〟はしばしば、こちらの都合などおかまいなしに予期せぬタイミングでやってくる。この友人の場合、娘がバレエの無料レッスンを受けるかわりに、彼がボランティアでそのスタジオの壁を新しく塗りなおしているときに、それは訪れた。

その空間をなるべく明るいものにしようと長時間没頭してその作業を続けるさなか、彼は自分が「いまの仕事よりも絵を描くほうが好きだ」と感じているのに気づいた。彼は当時、テキサスの金融会社ですばらしいポジションに就いていた。だがそれでも、この小さなスタジオに絵を描くこと以上の明確なインパクトを、その仕事に見いだすことができなかったのである。

その日の午後に自分が描いた絵によって、スタジオがこれまでよりも明るくて居心地のいい場所になる。それこそがインパクトだった。ふいにポテンシャルゾーンを垣間見た者の例に漏れず、彼はその場に座り込んだまま、考えにふけっていた。そして自分が、高圧洗浄機を使って自宅の近くの道をきれいにするのが大好きだったことを思い出した。一夏のあいだ、子どもたちと一緒にびしょ濡れになりながら、近所の人たちのために楽しく奉仕活動をしたときのことを。さらに新型コロナウイルスがはやっていたときに、家族とともに近所の家の排気口のクリーニングをして、何千ドルも稼いだことも思い出した。

スタジオの壁塗りは、彼が初めて意識した〝最高の瞬間〟だった。だが、いったんリストをつくりはじめると、ほかの出来事も次々と頭のなかから転がり出てきた。それはすべて、手を動かす作業をともなう、目に見えるインパクトがあるものだった。そこで彼は私に電話をかけ、この本で私たちがずっと問いつづけてきたのと同じ質問をしたのだった。「どうしたら、こういう瞬間をもっと増やせるんだろう?」と。

そのとき、彼の燃料タンクは空っぽだったが、それは悪いことではなかった。よく言われる〝中年の危機〟などではない。たんに自分の人生に何かが足りないことに気づいたのだ。燃料に関して、あなただって状況は同じかもしれない。もしそうなら、彼にならって、ベストモーメントリストを見直すか、あるいは新しくリストを作り直そう。そしてそこに載っている〝成果〟(インパクト)、〝経験〟(技術)、〝関係〟(コミュニティ)、〝物〟(ストーリー)を見直すのだ。

これは過去に縛られるということではない。むしろ、過去によって自由になれるのだ——過去が、現在や未来にさらに多くの〝最高の瞬間〟をつくるための手助けをしてくれるときには、とくにそう言える。

だから燃料タンクが空っぽだと思っても、心配しなくていい。それをもう一度満たしてくれる、最高の人物をあなたは知っている。

それはあなた自身だ。

12 華々しさよりも技術を追う

Get Crafty without Any Glitter

ブレンダン・レナードが、ニューヨークシティ・マラソンで優勝することはないだろう。努力が足りないわけではない。彼は『アイ・ヘイト・ランニング・アンド・ユー・キャン・トゥー（私は走るのが嫌いだし、たぶんあなたもそうかもしれない）』というタイトルの本を出しているにもかかわらず、じつは熱心なランナーだ。ある年など、毎週のようにマラソンを走ったほどだ。これは1週間にトータルで42・195キロずつ走ったという意味ではない。文字通り、毎週1回、その距離をぶっとおしで走り、年に52回もマラソンをしたということだ。

だがそれでも彼は、ニューヨークシティ・マラソンでは優勝できないだろう（おそらくあなたにも無理だろう）。ただ、彼はそのことを気にしていない。なぜなら目指すところはそこではないからだ。「まさか自分の孫に、『今年は3万3789位だったけど、もうちょっと運が良ければ、3万2372位にはなれたはずさ』なんて言わないだろう」と彼は言う。もしあなたがニューヨークシティ・マラソンに出場して、職場でその話をしたとして、「で、優勝したの？」と聞く同僚はいないはずだ。[1]

ブレンダンは走るのが楽しいから走っている。彼にとって走ることは、「そんなの無理だ」という弱気な自分を打ち負かすための挑戦だ。彼を動かしているのは、走る〝技術〟を向上させたい、という気持ちであり、これはインパクトと同じくらいモチベーションを高めてくれる燃料である。

このことは有名な登山家であるジョージ・マロリーが、『ニューヨーク・タイムズ』の記者に、なぜあなたはエベレストに登りたいと思うのか、と聞かれたときの「そこに山があるからさ」というセリフに集約されている。

勝ち負けや、その行動に目に見えるインパクトがあるかどうか、あるいは自分のしていることを誰かが知っているかどうかに関係なく、それをやりつづけるというのは、上達の喜びに突き動かされているからだ。私はこれまで何千人もの人に「あなたが、〝ただ楽しいから〟やっていることを教えてください」と尋ねてきた。答えはじつにさまざまだったが、その根っこは、つまるところ「技術」という一点に行きつくことがわかった。

アイダホ州ボイシのトレーラー製造会社でマーケティングマネージャーを務めるキース・イーストマンが、これから自分のレストランをオープンすることは決してないだろう。だが、彼が料理をするのはそれが目的ではない。「導入した新しいツールをうまく使いこなして、最高の料理に仕上げるのが本当に楽しいんだ」と彼は言う。調理器具好きで、レシピ好きで、新しい食材にチャレンジするのも大好き。彼が料理を愛しているのは、技術を向上させるのが楽しいからだ。

ナッシュビルで営業アドバイザーをしているアレックス・フェレロが、巨大な養鶏場を経営することはありえない。だが、なぜそんなに鶏が好きなのかと尋ねれば、すぐにこう答えるだろう。「家族に卵を食べてもらえるし、子どもたちには動物の世話とそれにともなう責任を教えることができるし、なにより心がなごむからね」。卵はどこでも買えるが、自前で飼っている鶏が産む卵は、それとはまったく別物だ。なぜならそれは自分の〝技術の結晶〟だからだ。

ワシントン州ポートオーチャード在住の専業主婦、クリス・シェリーは、編み物の腕前はプロ級だが、作品を売るつもりはない。「いつもみんなから、売ればいいのにって言われる。でも、私はただ、新しい模様や編み方を考えて、好きな人にあげたいだけなの」。これは彼女の〝技術〟であって、キャリアではないのだ。

テキサス州タイラーに住む、小学校の元教師であるジョエル・スプロット・イェーツはピアノをやっているが、カーネギーホールで演奏することはきっとないだろう。だが、彼女の目的はそこにはない。「難しい曲を練習して、自分で満足できればそれでいいの」。結果を求めるのではなく、努力そのものに満足すること。これこそ、まっとうに〝技術〟を追求するうえでの核心と言っていい。

イリノイ州西部で農家を営む、ジュリー・チェノウェス・テーストリープは、自分のしていることを仕事にしようとはまったく思っていない。「私は共同墓地にある軍人たちの墓をきれいにするのが好きです。彼らや彼らの家族の歴史についてもっと知りたいと思っています。そうすることで私なりに『お勤めご苦労さまでした』とお礼を言っているんです」。遺族は、彼女のしていることを知らないだろう。当然、亡くなった軍人が知るはずもない。知っているのはジュリー本人だけ。だが、それで十分なのだ。

純粋に楽しいからという理由で技術を追求する最大のメリットは、そこに終わりがないことだ。これこそ、長持ちする燃料の条件である。つねに次のレベルが見えてくるので、〝極める〟ことはありえないのだ。

技術の追求では、つねに次のレベルが見えてくるので、“極める”ことはありえない。

保険会社の副代表補佐を務めるアシュリー・ヴァーランドの言葉は、これを見事に言い当てている。「私はいまＭＢＡのコースを受講中で、ちゃんと最後までやりきるつもりです。ただ、これが終わったからといって、新しい情報に触れて、知識をアップデートしつづけるのをやめるつもりはありません。私は、名前のあとに長々とした肩書を書くために頑張っているわけではないんです。純粋に学ぶことが楽しいんですよ」

もちろん、技術を追求した結果として、何か目に見える成果がでることもあるだろう。アレックスは鶏を飼うことで、子どもたちに生き物に対する責任を教えることができている。クリスは、場合によっては、いつか自作の編み物を売るかもしれない。アシュリーはそのうちにMBAを取得できるはずだ。だが重要なのは、こうした成果があくまで結果として生まれたものであり、最初からそれを目的にしていたわけではないということだ。

ビジネスの世界では、これを「エンゲージメント」と呼ぶことが多い。仕事自体に価値を感じていれば、社員は給料が安くても、オフィスが遠くても、あまり昇進できなくても会社にとどまりつづける。やりがいのある技術を持っていて、しかもそれを通じて世の中にインパクトを与えられれば、社内のチームは何十年も続いていく。逆に、技術の向上が実感できなければ、すぐに退屈して、コミットメントをなくし、仕事を苦痛に感じはじめかねない。そんなときに、ほかの会社からいまよりも1ドルでも高い給料を提示されれば、あっさりとそちらに移っていってしまうだろう。

よくありがちな勘違いは、技術の追求を、趣味やレクリエーションだけの話だととらえてしまうことだ。たしかに両方とも技術の範ちゅうに入ってはいる。だが、この燃料の真の力は、どのようなものであっても対象にできるところにある。

ミハイ・チクセントミハイ教授は、著書『フロー体験入門――楽しみと創造の心理学』（世界思想社、2010年）のなかで、音響映像機器工場のライン工であるリコという人物を例として挙げている。映画撮影用のカメラの品質を、1日に400回も検査することが、彼に与えられた唯一の仕事だ。チクセントミハイは次のように記している。「彼は周りのみなと同じ、退屈な仕事をしなければならなかった。だが、達人のようにムダなく優雅にその作業をこなせるよう、自分自身を鍛え上げていたのだ[2]」

リコが1つのカメラをチェックするのに会社から与えられた時間は43秒しかなかった。そこで彼は何をしたか？ それをゲームに変えたのだ。数年をかけて、さまざまなツールや動作を組み合わせてそのプロセスを洗練させ、最後には1台あたり28秒で検査を終えられるようになった。それで賃金があがったり待遇が良くなったりしたわけではない。ずっと同じペースで作業を続ける同僚たちからは、変わり者だと思われていた。だが、リコは気にしなかった。「こっちのほうがいいさ」とリコは言った。「テレビなんか見てるよりずっとね[3]」

リコは自分の仕事を、技術の追求に変えた。ただの組立ラインで数年間を過ごしたわけではない。彼はそのあいだ、ポテンシャルゾーンにいたのだ。「そしてその仕事で成長の限界に近づきつつあると感じた彼は、電子工学で新たなキャリアをひらくための学位を求めて、大学の夜間コースに入学したのだった[4]」。どうしてリコは工場での仕事にそのように向き合えたのか？ それはマロリーがエベレストに登る理由と同じ――つまり、〝そこにそれがあったから〟だ。

あなたはリコのように工場で働くことはないかもしれない。だが、自分のしたいことをうまくやりたい、あるいは、しなければならないことを楽しんでやりたいと思うなら、とるべき道は同じで、その作業を技術の追求に変えてしまえばいい。

自分のしたいことを
うまくやりたい、あるいは
しなければならないことを
楽しんでやりたいと思うなら、
**その作業を技術の追求に
変えてしまえばいい。**

ジョン・エイカフ

#AllItTakesIsAGoal

そしてそのためには、こう自分に問いかければいい。

もっとうまくできないか?
もっと速くできないか?
もっと楽しくできないか?
もっとムダなくできないか?
何かを加えたり、取り除いたりすることで、新しいものをつくりだせないか?
自分のパフォーマンスを測って、その変化を記録することはできないか?

こうして自問自答すればするほど、その場かぎりの行動を長期的な技術の追求に変えるための答えが見つかるはずだ。

あなたが技術を取りあげられるとき

この本を書いている当時、私はテキサス州ダラスでひらかれた、リーダーたちを集めた小さな会合で、技術の追求をモチベーションの燃料にするというアイデアについて話をした。こうした考え方の共有がうまくいったかどうかは、聞いている人の反応を見ればすぐにわかる。話しているときにわざとらしいほどていねいにうなずいたり、あるいは携帯でもいじっているようなら、まだうまくいっていない証拠だ。しかし話が終わったあと、聞きたりないことがあるといって、私がノートパソコンを片付け終わるの待ち構えていたり、車に乗るところまでついてくるようなら、うまくいったと言えるだろう。その日の午後、ひとりのリーダーが、まさにこの通りの行動をとった。

「今日のお話は非常に納得がいきました」と彼は言った。「仕事で自分の技術が活かせなくなって、イライラしていたところだったんです」。私は、どうして技術が活かせなくなるなどということが起きるのかわからなかったので、詳しく聞かせてくれるよう頼んだ。

「昇進したんです」と彼は答えた。「それ自体はすばらしいことなんですが、新しいポジションでは、自分の仕事で一番好きだったことができなくなってしまいました」。これを聞いて、彼の言っていることがよくわかった。というのも、私自身、いままで働いてきたすべての会社で、同じことが起きるのを目にしてきたからだ。

私はアトランタの会社にいたとき、見た目と機能のバランスが完璧な、美しいウェブサイトをつくるグラフィックデザイナーとともに仕事をしていた。彼女はピカソが絵の具を愛したように、〝ピクセル〟を愛していた。毎日、喜々として手を動かしながら、巨大なヘッドフォンをつけて、フォトショップやイラストレーターの操作に何時間もぶっつづけで没頭する。これは彼女にとって技術の追求だったのだ。

だが、デザイナーとしてあまりに優秀だった彼女は、クリエイティブ・ディレクターに昇進した。自分でデザインをするのではなく、デザイナーたちを管理する立場になったのだ。要は、技術を磨いた結果、その仕事ができなくなってしまったのである。この状況に彼女はいらだった。会社の幹部たちから実質的に「君の好きな仕事があったよね？　あれはもうできないんだ。そのかわりほかの人がやっているところを見てもらうことになったから」と言われたようなものだからだ。

元アメフト選手のトニー・ロモは引退後にスポーツの解説者になったが、選手としてのキャリアの途中に無理やり転身させられたわけではない。もしそうだったら、拷問に近かっただろう――だが、彼女が味わったのはまさにそれだった。デザイナーとしてのキャリアの途中だったにもかかわらず、無理やりそれを取りあげられたのである。

しかも、彼女はマネージャーとしては最低だった。本当は自分が最初からやりたかったという理由で、部下のやった仕事をすべてガラリと変えてしまう。やがて部下たちは彼女にプロジェクトの進捗を見せるのをいやがるようになった。もし見せれば、すべてを変えられてしまうことがわかっていたからだ。

こうした問題は、大きな組織でなくとも起きる。私は自分の小さな会社で、これと毎日格闘している。

私はこれまで10年にわたって自分でビジネスをしてきた。文章を書くことこそが自分の追求すべき技術であり、アイデアを考えて、それを講演や書籍、ポッドキャストやソーシャルメディアで共有するのが大好きだ。ただ、大好きであるはずのこれらの仕事を、みずからの手で台無しにしそうになることがよくある。もちろん、あえてそうしているわけではない。だが、ほかの経営者と話していて、スタッフを何人雇っているのかと聞かれると、見栄をはりたくなってしまうのだ。100人、と言いたい。ナッシュビルの好立地にカッコいいビルを構えている、と言いたい。オフィスでは盛大なクリスマスパーティーを催して、社員全員にテレビをプレゼントし、いつもトナカイを用意して、みんなで一緒に記念撮影をしているんだ、と言いたい。

そうして私は、会社を大きくして人を増やすことを考えはじめるのだが、そのたびに自分の技術の追求に費やす時間がなくなっているのに気づく。会議、人、プロジェクトの嵐のなかで、執筆にあてる時間が消えていく。3カ月が経ち、ふと気づくと、「なぜこんなにイライラしているんだろう」と自問自答している自分がいる。そして、キャリアゲームのなかで自分がもっとも愛しているはずの仕事をやめてしまっているのを悟る。

ちなみに私の友だちに、ビジネスを大きくすることを〝技術〟にしている人がいる。ラスベガスにあるオフィスを訪ねたとき、彼は商品やサービスを生みだす、4つの異なる会社を同時に動かしていた。彼が好きなのは人を雇って、マネージメントをすることであり、本の執筆にはなんの情熱もない。もし彼が、毎日何時間も本を書かなければならないとしたら、とても惨めな気持ちになるだろう。だが、私はまったく逆なのだ。

もし、技術の追求があなたを動かすおもな燃料であり、人生のなかで一時《いっとき》でもそこから切り離されていると感じているのなら、「自分にとってもっとも大切なことをやれているか」を再確認してみてほしい。ここで一番重要なのは、この文の最初の6文字——すなわち〝自分にとって〟という部分だ。

あなたは、自分にあった技術を、そのための時間をしっかり確保したスケジュールのもとで追求できているだろうか？　ただ、もしいまはそうではなかったとしても、すぐに元に戻すことができるので、心配はいらない。まずは第9章を読みなおして〝最初の15分〟を取り戻すことだ。

13 仲間を探して、可能性を見つけよう

Find Your People, Find Your Potential

土曜日の朝6時50分から、ランニングをしたいと思うことなんて、まずない。1週間の仕事が終わって、ようやく朝寝坊ができる日がやってきたのに、なぜわざわざ外に出て5マイルも走りたいと思うだろうか。

それに、春は走るには雨が多すぎるし、夏は暑すぎるし、秋は暗すぎるし、冬は寒すぎる。こうして私は土曜日の朝になると、言い訳マシンと化す。だが、それでも早起きをする。これは根性でも、自制心でも、意志の力でもない（このトリオには、いつもがっかりさせられっぱなしだ）。私がドアを開けて外に出ていくのは、ランニング仲間がいるからだ。

朝6時50分には、ロブ・センテルが近所の道ばたに座って私を待っている。7時に彼とともに、ケヴィン・クイーンを迎えにいく。7時5分、われわれ3人はＹＭＣＡの駐車場でジャスティン・ジョンソンと合流し、川沿いの道へと向かう。そして8時35分、私は〝クールエイド

マン〝〔クール・エイドという粉末ジュースのマスコットキャラクター。壁をぶち破って元気よく登場するCMで有名〕のような勢いで自宅のドアをくぐる。はじめは気乗りがしなかったけど、今日も走ってよかった、と思いながら。

心地よい場所を離れたくない、忙しくてやる気がしない、と思ったときにも、〝コミュニティ〟は自分をポテンシャルゾーンに呼び戻してくれる。私はいま、かつてないほど多くのコミュニティに属し、その力を活用している。

私は2週間に一度、水曜日に、大きな目標に取り組むのを助けてくれる仲間であるウィリアムに会う。また、毎週水曜日の夜には妻のジェニーとともに、同じ歳の子どもを持つ3組の夫婦とディナーに出かける。また、金曜日には隔週で、近所に住む、同年代の父親たちが集まる小さな会合に顔を出す。また、土曜日の朝はたいてい、〝ギンコー・イーグルス〟(私が所属しているランニンググループの名前で、おそろいのTシャツまでつくっている)のメンバーとともに走る。また、月に2回、妻と一緒に10年来のつきあいがある8組の夫婦たちと会う。週に一度、親友のネイトやベンと散歩をする。それに、1週間を通じて、自分のチームのメンバーやクライアント、見込み顧客と顔をあわせて話をしているし、6週間ごとにパフォーマンスを見てくれるコーチにも会っている。

心地よい場所を離れたくない、あるいは忙しくてやる気がしないと思ったときにも、“コミュニティ”は自分をポテンシャルゾーンに呼び戻してくれる。

だが、ずっとこうだったわけではない。ビジネスをはじめた最初の年は、孤独に頑張っていた。オフィスである自宅に閉じこもり、クリーニング屋との30秒のやりとりも貴重に思えるほど人とのやりとりがなく、メールへの返信もありえないような遅さだった。「あなたのメッセージは拝読したのですが、どうお返事していいのかわからず、自分の言いたいことがはっきりするまでに3週間もかかってしまいました。だから、携帯電話のメッセージの古い履歴に表示されているあなたの名前を見るたびに、申し訳ない気持ちがわいてきます」という意味を一発で表現できる絵文字があったらいいのに、と思ったほどだ。

私はそうしてまるまる1年のあいだ、〝孤独〟を人生の戦略として試してみた。そのうえでようやく「この戦略は機能しない」と気づいたのだった。当たり前だ、とお思いの人もいるだろう。ただ、しつこいと思われるかもしれないが、もう一度だけ言わせてもらいたい。私は〝奥手〟なのである。コミュニティの価値を理解するのにも時間がかかったのだ。

ある日の午後、テネシー州チャタヌーガで車を運転しているときに、ある考えが頭に思い浮かんだ。ここは何かをじっくり考えるにはうってつけの場所だった。この街の道路はあきらかに運転手には優しくなく、あえて渋滞が起こりやすいように設計されているとしか思えないからだ。チャタヌーガを貫く幹線道路は、険しい山に彫り込まれた線のようで、なかにはほとんど直角といっていい急カーブもある。そのため、この道をすんなり抜けられたことは人生で一度もない。

運転席に座ったまま、周りの車に乗っている人たちを見回していると、ふいに、ハイウェイで車を運転するには人間がひとりいればいい、ということに気づいた。チームは必要ない。州をつなぐ幹線道路を、ホンダ・シビックを操って時速100キロで進むには、男女を問わず、人間がひとりいれば十分だ。

だが、ドバイで、時速350キロを超えるスピードでF1カーを走らせたければ、あるいはモナコの海沿いの道のコーナーを1220万ドルの車で時速300キロで曲がりたければ、場合によっては1200人もの人間が必要になる。全員が運転席に座るわけではない。それでも一度でもF1レースを見れば、あのマシンを最高のコンディションで走らせるために驚くべき人数が関わっているのがわかるはずだ。

ナッシュビルの自宅に戻るころには、心は決まっていた。私はホンダ・シビックではなく、F1カーになりたい。これまでよりももっと速く、もっと遠くまで走りたい。人はいくつかミドルゴールを達成すると、いつもそういう気分になるものだ。すでに自分の可能性を味わった以上、コンフォートゾーンやカオスゾーンには戻りたくない。しかし、ポテンシャルゾーンにとどまろうとするなら、たくさんの人の助けが必要になる。

では、どのような人たちに助けを借りればいいのか？　こうした難しい問いも、中身を整理すればすっきりして、理解しやすくなる。そこで私は、自分にインスピレーションを与えてくれる人間関係を5つに分類した。

1. 家族
2. クライアント
3. 仲間
4. コーチ
5. インナーサークル

それぞれについての定義は以下の通りだ。

家族 ＝ 近親者と拡大家族

これは一番簡単だ。近親者は、配偶者か、あるいは同じような立場にある大事な人、それに自分の子ども。そして拡大家族は、両親、兄弟、いとこ、祖父母などを指す。私の場合、このカテゴリーにあてはまるのは、2人の子どもと妻、両親、2人の弟と妹。それに妻の両親、いとこ、叔父、叔母、姪、甥だ。

クライアント ＝ あなたが仕事を通じてサービスを提供する人

もしあなたが自分でビジネスをやっていなくても、クライアントはいる。フードバンクのボランティアだろうと、保険の販売員だろうとそれは同じだ。あるいは、隣人から近所づきあいの相談を受けたら、その人だってクライアントだ。小学校で3年生の担任をしている教師なら、平日は25人の小さなクライアントを抱えていることになる。ポッドキャストをやったり、本を書いたりすれば、やはりそこにもクライアントがいる（読者のみなさん。いつもありがとう！）。とにかく、あなたのしたことが誰かの助けになれば、その〝誰か〟はクライアントなのだ。

仲間＝すくなくとも1つ、同じゲームをしている人

仲間とは前に述べた5つのゲーム（キャリア、お金、関係、健康、楽しみ）のうち、どれか1つでもあなたと同じものを共有している人のことだ。彼らとはキャリアが同じだったり、同じ人間関係のなかにいたり、お互いに幼い子どもがいたり、大学のスポーツで同じチームを応援していたりするかもしれない。場合によっては、複数のゲームを共有していることもありえる。とにかく、すくなくとも1つのゲームでつながっているというのが〝仲間〟の条件だ。

人は年を重ねれば重ねるほど、自分と何か共通点のある相手と過ごしたいと思うようになるものだ。よって、もし2組の夫婦がいて、4人全員がお互いを心から好きになれたとしたら、それは奇跡に近い。妻（あるいは夫）の親友の結婚相手がどうしても好きになれず、それでも関係を壊さないために我慢してつきあっているという気まずい状況はどこにでもある。2組の夫婦同士全員の仲が良く、さらにお互いの子どもとも相性がいいというのは本当にすばらしいことなのだ。逆に、大好きな夫婦の子どもがとんでもない悪ガキで、その子たちと会うたびに自

分の子どもも一緒になって悪さをするという光景に、うんざりさせられている人も多いだろう。ちなみにこの分類は〝友だち〟と呼んでもさしつかえない。だが、私は〝仲間〟のほうがしっくりくる。

コーチ＝年齢か経験という点で、あなたよりも10年以上先を行っている、賢い人

これは要するに、あなたよりもはるか先の段階にいる人のことだ。あなたが結婚してまだ10年なら、結婚して20年の人がコーチかもしれない。あなたがまだ業界でかけだしなら、業界歴30年の人がコーチだろう。場合によっては、コーチのほうがあなたより年齢的には若いこともありえるが、その分野の技術に関しては、より多くの経験を積んでいる。私のユーチューブチャンネルの開設を手伝ってくれたクリス・ジマーマンは、私より12歳年下だが、チャンネル運営をもう10年もやっている。だからこそ、彼は私のコーチなのだ。

また、定義に「賢い人」とあるが、これは重要だ。なぜならコーチはあなたが人生のなかでぜひやりたいと思っていることを、すでに達成した人物である必要があるからだ。コーチの姿を見て、「ああ、自分の人生もああだったらいいのに」と思えなければならない。他人の成功というのはどうしても目に付くものだから、そう思える人を見つけること自体はそんなに難しくはない。ただ、そうした人たちが、みずからの決断によって成功をつかみとった結果、心の平穏や根気を備えた徳のある人物になったのか、はたまた、粗暴で気の短い、どうしようもない

人物になりさがっているのかは、ケースバイケースだ。

インナーサークル＝あなたの最悪の状態を知りつつも、それでもあなたのことを最高だと思ってくれる人

これは人間関係の輪のなかでもっとも小さいものだ。私自身を含め、たいていの場合は、ほんのひとにぎりの人しかこの分類には入らない。インナーサークルに入るのは、あなたのことを過去も含めてすべて知っていて、それでも〝イカしてる〟と思ってくれる人たち。何かいいことや悪いことが起きたときに、あなたが真っ先に電話をする人たちだ。〝イカしてる〟なんて死語を使ってしまったので、逆にいまのラッパーたちの言葉を借りれば、「ライド・オア・ダイ（お前のためなら命だってかけられる）」というやつだ。

以上がコミュニティの5つの分類だ。それぞれの説明を読むあいだに、誰かの名前が頭のなかに思い浮かんだだろうか？　もしそうなら、みずからの持つコミュニティをはっきりさせるのに、上々のスタートを切ったことになる。

コミュニティこそが自分のモチベーションの源だという人は、その重要性をいつも気にかけておくことが大事だ。あなたは、それぞれの分類にあてはまる名前を、3人から5人ほど思いつくだろうか？

ばいい。

〝家族〟は簡単なはずだ。私なら、ここにはジェニー、L・E、マクレー、それに弟2人と妹、両親、義理の両親が入る。〝クライアント〟も簡単。最近あなたが手助けをした人を5人挙げればいい。

〝仲間〟はすこし難しいかもしれないが、それでも考えていくうちにどんどん出てくるはずだ。私はかつてコーチのひとりに、「自分にはあまり仲間がいません」と言ったことがある。すると彼は、過去1年間のセッションで私が話題に出した人物の名前を、すらすらと挙げはじめた。そして、その会話を終えて家に帰った私は、たった15分ほどで、心に浮かんできた18人もの名前をノートに書きとめていた。このとき役に立ったのは携帯電話の連絡先リストだった。

〝コーチ〟をリストアップするときには、自分の将来についてすこし考える必要がある。現時点でまとまった時間をともに過ごしている人だけに限定せず、これから一緒にいる時間を増やしたいと思う人の名前も加えておこう。たとえば私は現在、作家のキャリー・ニーウホフと月に一度、30分だけ電話で話をする。彼は10歳年上で、結婚生活もポッドキャスト歴も私より10年長く、いろいろな意味で学ぶことの多い人だ。また、自著『サウンドトラックス』で紹介したコーチのデビット・トーマスとは、もっと多くの時間をともに過ごしたいと思っている。まだ一度一緒にコーヒーを飲んだだけだが、それでもこの本の読者なら、私がこの出会いからいかに大きな影響を受けたかを知っているはずだ。デビットはとても忙しい人なので、どうすればそうした機会をつくれるのかはまだわからないが、それでも私は彼の名前をリストに加えている。

そして最後の分類である〝インナーサークル〟は、そこに入る人を見極めるのはある意味で一番楽だが、そうした関係を築くのはもっとも難しい。見極めるのが楽というのは、何かすばらしいことやひどいことが起きたときに、真っ先に電話する相手を考えればすぐにわかるからだ。そして築くのが難しいのは、労力をかけなければそうした関係は手に入らないからだ。

さて、ここまでは個別に説明をしてきたが、複数のカテゴリーにまたがる人が出てくるのは当たり前なので、それは気にしなくていい。たとえば私でいえば、友人のスティーブン・ブルースターはインナーサークルであり、仲間であり、コーチでもある。つまりこのうちのどれに入れることもできるわけだが、ここでは一番〝深い〟カテゴリーであるインナーサークルに入れるのが、作業の目的にかなっているといえるだろう。

人間関係にラベルづけをするなんてやりすぎだ、という意見もあるかもしれないし、正直に言えば私もそう思う。だが、いまの社会は人間関係が希薄で、孤立に陥りやすい構造になっている。だから、やりすぎなくらいでちょうどいい。ちなみにこうした人間関係の希薄化は、１９６０年代に、テレビのチャンネルが３つ以上に分かれたときからはじまった。ポール・グラハムはこれがコミュニティにとっていかに大きな変化であったかを指摘している。「いまとなっては想像しがたいことだが、それ以前は毎晩、数千万戸の家庭がテレビの前に座って、同じ時間に同じ番組を見ていたのだ。現在のスーパーボウル〔アメフトのプロリーグNFLの優勝決定戦〕のときと同じことが毎

われわれは利便性と引き換えにコミュニティを犠牲にした。

晩起きていた。われわれは文字通り、ひとつだったのである」[1]

しかし利便性と引き換えにコミュニティを犠牲にすることで、分断は進んでいった。ウーバーイーツやドアダッシュなどのサービスはとても便利だが、そのせいで地元のレストランで誰かと知り合う機会は失われた。ホームコメディ番組『チアーズ』のテーマソングのさびにもあるように、人は「ときには誰か自分の名前を知っている人がいるところに行きたくなる」ものだというのに。

ちなみにこの文章を書いた日、私は朝から地元のカフェに行った。すると、まだカウンターについてもいないのに、その店のバリスタはカップを手に取って、私の飲みものをつくりはじめる。そして私は彼女に、「君の息子は何歳になったの」と声をかけた。しばらく彼の姿を店で見かけていなかったからだ。短いし、とくに意味のあるやりとりでもない。だがそれでも、会話を終えた私たちは、お互いにこの星の誰かが、自分の存在を気にかけてくれているという気持ちになっていた。もしスマホで注文をしていれば、もうすこし早くコーヒーを受け取れたかもしれない。だがその場合、私はそのシステムの「オーダー13455番」に過ぎず「毎週金曜日の朝に、同じ飲みものを注文するジョン」ではなくなる。

ネットフリックスはブロックバスター〔かつてアメリカで展開していた大手レンタルビデオチェーン〕を倒産に追い込んだが、そのせいで映画マニアの店員からお勧めを聞くことはできなくなった。

新型コロナのパンデミックによって、私たちは通勤をせずにすむようになった。だが、同僚とのランチや、チームの絆を深めるちょっとしたやりとりもなくなった。

スーパーの宅配サービスのおかげで、店内の狭い通路をいったりきたりする必要はなくなった。だが、仕事を引退してからレジで袋詰めのパートをはじめた80歳のピーターと会話することもなくなった。

ペロトン〔オンラインフィットネスサービス〕のおかげで、スケジュールが決まっているうえに、狭い空間に大勢がつめこまれるエアロバイクのクラスにわざわざ出席しなくてもよくなった。しかし同時に、自分と同じく小さな子どもを育てているジルという若いママと、一緒にスムージーを飲むこともなくなった。

ズームのおかげでわざわざ顔をつきあわせて会議をしなくてすむようになったが、会議の前後に10分ほど雑談をして近況報告をし、絆を深める機会もなくなった。ズームのミーティングが終わると、みなすぐに退出していく。そのとき私は、映画『フォレストガンプ』のエビ採り船のシーンのように、大きく手を振って別れを惜しみたくなるのをグッとこらえているのだ。

そろそろ、話を面白くするためにわざとおおげさなことを言っていると思われているかもしれない。だが、1つ断っておくが、私はテクノロジーのプロである。スクリーンタイムアプリによれば、私は毎日、平均で6時間58分アイフォンを使っている。つまりテクノロジーの恩恵をおおいに受けているわけだが、それでもそこに対価がともなうことは認めなければならない。

いまから20年前なら、コミュニティを築くのにあえて労力を割く必要はなかった。生きていれば自然とできていくものだったからだ。雑貨屋で近所の人たちと顔をあわせる。職場では休憩室で大勢の同僚とおしゃべりをする。すくなくとも年に数回は、地元のレストランで家族とともにゆっくり食事をするので、自然とその店のマネージャーとも顔見知りになる。朝6時からはじまるエアロビのクラスはいつも同じメンバーなので、何回か休んだときは、周りの人が気にかけてくれる。

しかし、そうした偶然の出会いはもうなくなってしまった。だからこれからは意図的にコミュニティをつくっていくべきなのだが、われわれはまだそのことに気づいていない。

リーダーシップの専門家として名高い、ピーター・ドラッカーが、2000年におこなった予言は、日に日に現実となりつつある。

これから数百年ののち、長期的な視点からいまの時代が歴史として記録されるとき、歴史家たちが注目するもっとも重要なポイントはおそらくテクノロジーではない。インターネットでも、Eコマースでもない。それは、人間としてのありかたにこれまでにないような変化が起きたことだろう。文字通り史上はじめて、多くの人が、急速に選択肢を持つにいたったのだ。つまり、われわれはついにみずからの手で自分自身を管理しなければならなくなる。だが、社会ではそのための準備がまったくできていない。[2]

偶然の出会いというものは
もうなくなった。
だからこれからは
意図的にコミュニティを
つくるしかない。

ジョン・エイカフ

#AllItTakesIsAGoal

テクノロジーは私たちに、孤独でいるか、人とつきあうかという選択を迫る。そうした決断が個人の手にゆだねられる時代は、いまだかつてなかった。

だから、孤独を感じるなら、これまでとは違う選択をしよう。

ほかの人との絆が消えてしまったと感じたり、成長の限界がきて、自分のやっていることに新たな意見が必要だと思ったなら、違う選択をしよう。

それには、コミュニティに投資することだ。ベストモーメントリストをつくってみて、自分にとって人間関係こそが重要だとわかった人の場合は、とくにそう言える。

14 ストーリーを増やし〝物〟を減らす

Find Your People, Find Your Potential

さて、自分のベストモーメントリストを見直してみて、〝物〟が一番多かったという人はいるだろうか？　おそらくそうではなかったはずだ。

むしろ〝物〟はリストの4項目のなかで一番すくなかったのではないか。なぜわかるのかって？　基本的には誰だってそうだからだ。

デニス・コッカーハムのリストに〝物〟は2つしかなかった。

ジョイス・エルンストも「〝物〟は一番すくないカテゴリーだったわ」と言った。彼女の挙げた183個の最高の瞬間のうち、〝物〟は33個にとどまった。

ブルック・Tのリストは膨大で、じつに350個もの項目が並んだが、〝物〟はそのうちのたった26個だった。要はこれまでの最高の瞬間のうち、物にフォーカスしたものは7パーセントにすぎなかったということだ。

ちなみに私のリストには、〝物〟は15個しかない。物を重要だと思っている人が意外なほどすくないのには驚かされる。普段、広告ではまったく逆のことが謳われているからだ。現代の広告は視聴者に「あなたはまだ自分にふさわしい物を持っていない」と思わせることを一番の目的としている。マーケターたちは「この商品さえ手に入れば、あなたは特別で完璧な、ほかの人たちとは一線を画す存在になれる。だからなるべく早くこれを手に入れよう。やる気を出すにはそれしかない」と語りかけてくる。

だが実際には、これまでの人生で訪れた最高の瞬間を振り返って見たとき、そこに〝物〟が出てくることはほとんどない。われわれが多くの時間を費やして手に入れた物は、望むような人生を与えてはくれない。あまり説教くさいことは言いたくないが、これは事実だ。別にミニマリズムを勧めているわけではない。私だって自分の車や、レゴのコレクション、PC、本など好きな物はたくさんある。モノぎらいではない。だが、〝物〟をモチベーションの源にするのならば、それにふさわしい物とそうでない物のあいだの線引きは重要だ。

その違いはシンプルで、前者にはストーリーがあるが、後者はただの物であるというところにある。

燃料としてふさわしい物にはつねにストーリーがある。自分のベストモーメントリストを見直してみても、そこに〝ただなんとなく〟入っている物は1つもない。どれも、思い出深い、意義ある物ばかりだ。

あなたもリストに挙がった〝物〟を見直してみれば、きっと同じことに気づくはずだ。一緒にコーヒーでも飲みながら、私が「どうしてこれをベストモーメントリストに入れたの？」と尋ねれば、あなたはきっとこんなふうに答えるだろう。「この時計はお父さんがくれたものだから。最初はおじいちゃんのだったんだ。でもぼくが18歳になったときに、お父さんがこの時計をぼくにゆずってくれた」とか「この財布は、売り上げ目標を達成した自分へのご褒美として買ったんだ」とか、「子どものころに持ってたから、大人になったらまた集めようと思ってたんだ。そりゃ、50代にもなってベースボールカードを箱買いして喜んでるなんて、おかしいのはわかってるよ。でもしかたないのさ」とか。

もちろん、その内容は人それぞれだろう。でも、選んだ物の背景にあるストーリーをあなたは語れるはずだ。そしてそれはただのストーリーではない。私たちが〝物〟について語るとき、それがどのような感情を喚起するかによって、ストーリーはおもに以下の5つに分類できる。

ストーリー1――それを見ると若返ったような気になる
ストーリー2――それを見ると成功者の気分になれる
ストーリー3――それを見るとインスピレーションがわいてくる
ストーリー4――それを見るとカッコいいと思う

燃料としてふさわしい物には必ずストーリーがある。

ストーリー5——それを見ると誰かとの絆を思い出す

ベストモーメントリストに載っている〝物〟を見直しただけでこのような気分になれるので、いま、あなたの顔には笑みが浮かんでいることだろう。ただ、実際に燃料として使うために、それぞれの内容を細かく解説していこう。

ストーリー1——それを見ると若返ったような気になる

私のリストには若返ったような気分にさせてくれる物が3つあった。

1. ポルシェ 911GT3 RSのレゴセット
2. ベンチメイドのナイフ
3. クレヨラの64本入りクレヨン

このアイテムはどれも、子どもに戻ったかのような気分にさせてくれる。要は、自分がかつて過ごした子ども時代を——あるいはこちらのほうがより重要だが、〝そうだったらよかったのに〟と願った理想の子ども時代を思い出させてくれるものは、なんであれこのカテゴリーに入る。

いままた、ウエストポーチの人気が復活しているのはなぜだろう？ 『ストレンジャー・シングス』がふたたび注目を集めているのは？ 『トップガン　マーヴェリック』がトム・クルーズ主演の映画として興行収入で初の10億ドル超えをした理由は？ 答えは、ノスタルジーを刺激したからだ。どれもいまの世代を取り込みつつも、同時に、古い世代に子ども時代を思い出させることに成功した。１９８０年代の曲が流れて私の娘が「あっ、『ストレンジャー・シングス』の歌だ」と言うたびに、私は「いいや、違う。ぼくが子どものときの歌だ」と心のなかで思う。

よって、ミドルゴールに取り組むのに役立つ燃料を見つけたいのであれば、「このなかに自分を若返ったような気にさせてくれる〝物〟はあるだろうか？」という視点からリストを見直してみよう。

ストーリー2――それを見ると成功者の気分になれる

私がスキー板を買った理由。それは成功者の気分になれるからだった。私が子どものころ、うちの一家はそれほどお金持ちではなかった。決して貧乏というわけではなかったし、幼少期に苦労したとは言いたくないのだが、それでも父は牧師で、母は歯科衛生士。だから、思いつきでスキー旅行に行けるようなお金はなかった。

小学3年生だったときに、私は空港で西部のスキーリゾートへと向かう飛行機に乗り込む家族を見た。ネオンカラーのスキーウェアに身を包んだ彼らは、いままさに冒険の旅に出かけていくようだった。そのとき私は「いつか自分のスキー板を買えるくらい成功するんだ」と誓った。そして時が経ち、ついにスキー用品店で購入を果たしたときのこと。レジにいた若い店員にとってはたんに1つ商品が売れたにすぎなかったかもしれないが、私にとってはまるで30年かけてゴールにたどりついたような気分だった。

さて、人間関係について考えたときに、ある人物が複数のカテゴリーにまたがることがあったのと同じように、〝物〟も複数のストーリーを語ることが多い。たとえば、「ポルシェ911GT3 RS」のレゴセットは私に子ども時代を思い出させてくれるだけでなく、成功者の気分にもさせてくれる。これは400ドルもする物で、子どものときには手が出なかった。おもちゃの車1台にその額を出すかどうかという以前に、そもそもそんなお金が手元にあったことは一度もなかったのだ。だから大人になって、レゴセットにそれだけのお金を出せるようになったことは、私を成功者の気分にさせてくれる。スケートボードを買ったのも同じ理由だ。ずっと欲しかったものを買えるようになると、まるで8歳のころの自分とハイタッチをしているような気持ちになる。

ただ同時に、これこそが、自己満足で買った物について他人には語りたくない理由でもある。

誰かに「レゴセットに４００ドルも払うなんて。なんてムダなことを」と言われてしまうかもしれないからだ。だが、気にしてはいけない。これはあなたのベストモーメントリストなのだから。私は個人的には財布を買うのに１０００ドルは出さないし、車に12万５０００ドルを払うこともないが、あなたがもしそれでモチベーションがあがるなら、気にせず買えばいい。

ストーリー3――それを見るとインスピレーションがわいてくる

見るたびにインスピレーションがわいてきて、クリエイティブになり、前向きになれるという理由で持っている〝物〟もあるだろう。たとえばそれは、家の壁にかけてある小さな絵かもしれない。サイクリングが趣味の人なら、自転車かもしれない。ムダのない、滑らかで無骨なデザインを見るたびに、もっともっと速く走りたいという気持ちになり、ガレージでその前を通るだけで、ドーパミンが分泌されるのを感じるような。

あるいはそれは、この世界がいかに壮大で美しいかを思い出させてくれる〝物〟かもしれない。貝殻を拾い集める人がいるのはそのためだ。私がドングリを拾うのもそう。拾ったからといって、若返るような感じはしないし、成功者の気分にもなれないが、なんだかインスピレーションがわいてくるのだ。第３章で書いたように、ドングリは可能性の象徴だから。

本屋や画材屋、アウトドア用品店に行って、想像力を刺激されることもあるだろう。そうした場所には、人間の可能性に訴えかける商品が集まっている。読んだら人生が変わるかもしれない本が、思わず絵を描きたくなるようなキャンバスが、川下りの冒険に出たくなるようなカヤックが、そこにはある。

目的を達成したときのご褒美にすることで、意欲をかきたててくれる〝物〟もある。私の友人であるリンゼイ・モレノとマイケル・モレノは、仕事で大きな目標を達成するたびにスーパーボウルのチケットをとる。あるいは、目標に取り組んでいる最中にモチベーションをあげてくれる〝物〟もある。たとえば、論文を書くにあたって思いきってスタンディングデスクを買えば、やる気がわいてくるだろう。プロジェクトがはじまる前であれ、そのさなかであれ、終わったあとであれ、〝物〟をインスピレーションの源にすることは十分に可能だ。

ストーリー4――それを見るとカッコいいと思う

〝カッコいい〟というのは〝成功者の気分〟のいいとこのようなものだ。つまり、似たところはあるが、まったく同じというわけではない。

何をカッコいいと思うかは人によって違う。たとえば、妻のジェニーにはお気に入りのボトムスがある。ついこないだもはいていたし、いつも人から似合っていると褒められている。ただ、なぜお気に入りなのかといえば、それがウォルマートで買った物だからだ。

ジェニーは、それどこで買ったの、と聞いた人を驚かせるのが大好きなのだ。1000ドルに見えるものを10ドルで手に入れたということが彼女にとっての〝勝ち〟であり、ベストモーメントリストに載せるべき最高の瞬間なのである。「ウォルマートでパンツを買えるなんて、ジェニーはすごい成功者ね」なんて誰も思わないのだから。

〝カッコいい〟という感覚は人それぞれだ。飛行機のなかでノートを取り出してアイデアを書きとめるのは、私のなかではカッコいいことだ。空の上ですばらしいひらめきをつかまえる本物の作家、という気分になれるから。だが、隣の席の人はそれを見てダサいと思っているかもしれないし、ノートPCやアイパッドのほうが実用的だという意見もあるかもしれない。だが、何がカッコいいかは自分で決めるものだ。

ストーリー5――それを見ると誰かとの絆を思い出す

人とのつながりを感じさせてくれる〝物〟もある。思い出の品はもちろんそうだが、それだけに限らない。たとえば、私の本棚には祖父のものだった古い聖書がある。祖父が亡くなったときに父が私にくれたものだ。その聖書を見ると、私は2人とつながっているような気分になる。余白に書き込まれた祖父の文字を読むと、なおさらそう思う。あなたの持ち物のなかにも、愛する人とのつながりを思い出させるものがきっとあるはずだ。

また、ときには、個人ではなく、コミュニティとのつながりを感じさせる〝物〟もある。私はかつて、大のディズニー好きの男性と一緒に仕事をしていたのだが、彼は家族とともに年に20回はディズニーランドに行っていた。しかし、私は当時アトランタに住んでいたので、そう簡単には行けなかった。そんなある日、彼自身も参加している「グリーン・ミッキーズ」という掲示板のことを教えてくれた。そこに集まる熱狂的なディズニーファンたちはみな、自分がメンバーであることを示す証《あかし》を持っているとのことだった。

彼らはホームセンターでミッキーマウスの輪郭をかたどった緑色のカードを買ってきて、ミッキーの部分だけを切り出してラミネート加工する。そしてディズニーランドに行くときに、そのカードをホテルのドアやベビーカー、あるいはかぶっている帽子につけて、グリーン・ミッキーズのメンバーであることがひとめでわかるようにする。その小さなカード（つまりは〝物〟）によって、彼らは連帯感を感じるのだ。ハーレーダビッドソンのバイクもそうだし、ビッググリーンエッグのバーベキューセットもそうだ。このような〝物〟はほかにもたくさんある。

さて。もしあなたの目標が家の整理をすることだったとしよう。ならば、この5つのストーリーをもとにクローゼットを片付けていけばいいわけだ。近藤麻理恵の提唱するやり方をさらにつきつめたような形で――つまり、「〝ときめき〟があるかどうか」ではなく、「若返ったような気になれるか／成功者の気分になれるか／インスピレーションがわいてくるか／カッコいいと思うか／誰かとの絆を思い出すか」を基準に何を捨てるのかを判断するわけだ。この5つのどれにもあてはまらないなら、たぶんそれは捨ててもかまわない。

ただ、この5つのストーリーを理解しておく真のメリットは、自己認識が深まることだ。自分がどんな物を大切にしているかを把握しておけば、これからの人生で意図的にそうした物を増やしていける。これがベストモーメントリストの力だ。過去をあきらかにし、いまの自分にそれを伝え、未来への準備をする。逆にいえば、モチベーションを上げてくれないような〝物〟を、燃料にしようとしてはいけない。

この5つのストーリーを見て、「〝カッコいい〟とか、〝成功者の気分〟とか、〝若返ったような気になれるか〟なんてどうでもいい。ただ〝絆〟を感じられればそれでいい」と思う人もいるかもしれない。それはそれですばらしいことだ。ならば、これから物を買うときはそれを基準にしよう。ジープを買ったなら、道でジープに乗っている人とすれちがったときに必ず笑顔で手を挙げるようにしよう。そうすれば、ジープという〝物〟によって、あなたはコミュニティの一員になれる。

あるいは、若返ったような気になれる物が好きな人もいるだろう。その場合、それがあなたの価値観の大きな部分を占めているわけだ。だから、漫画やスターウォーズ・グッズを集めればいい。これだって、すばらしいことだ。私の友人のショーンは、1000ドル以上払ってスターウォーズ公式のダースベイダーのコスチュームを手に入れ、パレードのときにそれを着て、小さな子どもたちを夢中にさせている。そうすることで彼自身も子どもに戻れるのだそうだ。もちろん、そのためのお金を貯めたいという気持ちが、キャリアのうえでもモチベーションアップにつながるのは間違いない。

インスピレーションを与えてくれるかどうかを一番重視する人もいるだろう。私が本やノートにお金をつぎこんでいるのも、まさにそのためだ。私にとって本は新しい人生へのパスポートみたいなもの。だから多くの時間とお金をかけている。

モチベーションをあげてくれるストーリーを語る、自分にあった〝物〟を生活に取り入れることで、ミドルゴールへの道のりはずっと楽なものになる。そして、そうした〝物〟はほかのカテゴリーと結びつくことも多い。

たとえば、あなたがリストに挙げた〝物〟はきっと、〝経験〟や〝成果〟や〝関係〟とも結びついているはずだ。

スキー板は私を成功者の気分にさせてくれる。これは〝成果〟だ。

ブコラ・オコロが冷蔵庫にマグネットで貼り付けている紙は、ただの紙ではない。「うちの冷蔵庫は、私のこれまでの旅の道のりをすべて語ってくれるの」と彼女は言う。これは〝経験〟だ。

ケリー・シモナンが持っている高級な靴は、〝関係〟と結びついている。「私がニューヨークのバーニーズのセールでこの靴を買ったのは、ただ欲しかったからじゃないの。まあ実際、いいものではあるんだけど、それよりも、それが友だちとの初めてのニューヨーク旅行だったからよ」

〝物〟は、それがストーリーを語り、何かと強く結びついているときには、すばらしい燃料になる。それに、もし自分がどんな物を大切にするのかを理解していれば、最新のガジェットのよくできた広告を見たとしても、ムダに心を揺さぶられずにすむ。ポテンシャルゾーンのなかで懸命に生き、自分にとって大切なストーリーを手に入れることに忙しいあなたは、ギラギラと光り輝く広告に目もくれなくなるからだ。

4つの燃料

正直なところ、私はいまでもときおり、カオスを燃料にしたくなることがある。だからそうした悪癖を完全に断ち切ったとは言えない。最近、担当のファイナンシャル・アドバイザーと会ったとき、退職後の生活に向けて、我が家の家計が順調に推移していることをデータで示してくれた。

だが私はそのとき、そのモニターを指さしながら、「とにかくこのデータは自分とは無関係だと思って、これからも頑張ります」と言ったのだった。つまり、ストレスやピンチをモチベーションの源にしていた私の人格の一部が、戦いを

正直なところ、私はいまでもときおり、カオスを燃料にしたくなることがある。

やめて坂を下っていくことを拒否したのだ。だが、〝インパクト〟〝技術〟〝コミュニティ〟〝ストーリー〟といった健全な燃料なら、使う時間が長くなればなるほど、その力を信じられるようになっていく。

また、あなたはこの4つの燃料のうち、どれが一番自分を奮いたたせてくれるかを知っているだろうか？　私は知っている。

ベストモーメントリストを見れば、その答えは一目瞭然だ。

〝インパクト〟は、イコール〝成果〟。自分のしたことで世界が変わる。これこそまさに最高の〝成果〟だろう。

〝技術〟は〝経験〟。結果はどうあれ、技術を磨くために費やした時間には価値がある。マランダ・エングストロムは建築の知識を学び、学校やマンション、オフィスのデザインを自分で考えている。「建築の専門的な訓練を受けたわけじゃないし、きっと自分が考えた建物が実際に建つことはないけど、それでもとっても楽しいの！」。彼女はその〝技術〟を生きがいにしている。

〝コミュニティ〟は〝関係〟。これは、これ以上説明しようがないほど当たり前のことだ。

そして、あなたが大切にしている〝物〟には、必ずストーリーがある。

いまだけではなく将来にわたってポテンシャルゾーンにとどまりつづけるために、自分にあった燃料を知りたければ、ベストモーメントリストにある〝成果〟〝経験〟〝関係〟〝物〟のそれぞれの数を見直せばいい。私のリストの内訳は、〝成果〟が61個、〝経験〟が59個、〝関係〟が35

個、〝物〟が15個だった。つまり、私を動かしている燃料はあきらかに〝インパクト〟と〝技術〟ということだ。

私が1日のうちで一番楽しいのは、誰にも邪魔されずに3時間から4時間ほど、新しいアイデアについて書いているときだ。膨大な数のアイデアを書きとめたノートがすでに何十冊もたまっている。ライン工のリコが、どれだけたくさんのカメラを検査できるかを追求していたように、私も1カ月でどれだけたくさんのアイデアを生みだせるかに情熱を傾けている。

仕事で出張するとき、私はホテルの部屋にこもって、本や講演や講座を通じてできるだけ多くの人を助けられるよう（〝インパクト〟）、可能なかぎりたくさんのアイデアを書く（〝技術〟）。だが友人のカルロス・ウィテカーはこれとはまったく違うやり方をする。彼は新しい街を訪れると、〝インスタファミリア〟と称する集会を開く。インスタグラムを通じて、見ず知らず人たちをできるだけ多くカフェに集め、いろいろなことを話し合うのだ。

われわれ2人は、それぞれ違う燃料を異なる形で使っているが、結果は同じで、ポテンシャルゾーンに長くとどまることができている。この4つの燃料の使い方は人それぞれだし、使う燃料が1種類だけという人もいない。誰しも人生のどこかの時点で、4つすべての恩恵を受けることになる。

そして、燃料を意図的に使うことで、ポテンシャルゾーンにいる時間が増えると、不思議なことが起きる。未来が怖くなくなるのだ。あなたはここまでで、ビジョンの壁を消し、ベストモーメントリストによって過去から学び、いくつかのイージーゴールをあっさりと達成してコンフォートゾーンから抜け出し、ミドルゴールによってカオスゾーンを回避した。要は、ついに第1章でとりあげたこの質問に答える準備が整ったのだ。

「ずっとポテンシャルゾーンにいつづけるにはどうすればいいのか？」

数時間とか、週末だけとか、あるいは1カ月か2カ月くらいであれば、誰でもポテンシャルゾーンを訪れることはできる。

だが、そこに住みつづけるにはどうすればいいのか？

もらったプレゼントをすべて開けるにはどうすればいいのか？

さらに、それ以外のやりたいこともすべて達成するには、どうすればいいのか？

その答えは、保証された目標《ギャランティードゴール》にある。

THE PROMISE

約束

15 みずからの成功を保証する

Guarantee Your Success

私は引退するまでに１００万部の本を売る。これを達成できる作家は全体の１パーセントにも満たない。だがそれでも確実に実現させる。

これからの12カ月で、過去10年間よりも強い肉体をつくる。もう50ちかい歳で、レストランのメニューを読むのにアイフォンのライトで手元を照らしたくなるくらいなので、日々のトレーニングをこなすのはどんどんしんどくなっている。それでも、間違いなくそうする。

今年の終わりまでに、平均的なアメリカ人の13倍の量の本を読む。自分の本を書き、子育てをし、事業をまわしながらこれをするのは、決して簡単ではない。だが、絶対に達成する。

第４四半期が終わるまでに、週に15分、たった１枚の書類に目を通すだけで、自分の会社で５万ドルの資金を調達する。その程度の労力でそこまでの成果をあげるのはとても難しいが、それでも私は、これが可能なのを確信している。

さらに、こうした目標に取り組みながら、12月31日には妻と子どもから、去年よりいい父親だったと言ってもらう。これはほとんど不可能に思えるタスクかもしれないが、それでもそうなると断言しよう。

別に自分の力を過信しているわけではない。むしろ私は人一倍心配性だ。「願望を口に出せばそれが現実になる」とも思っていない。行動をともなわない言葉など無意味だ。だが上で言ったことは〝予測〟ではなく〝保証〟である。むしろ、できることをひかえめに見積もっているとすら言えるかもしれない。ポテンシャルゾーンで長い時間を過ごすようになると、自分の成し遂げられることはとても把握しきれないくらい大きくなるからだ。

さて、私と同じようにウサギ気質で、早くペースアップしたいと思っていた読者たちよ、たいへんおまたせした。ここからの3章は、あなたたちにとって本書でもっとも楽しいところになるはずだ。

〝ギャランティードゴール〟の身も蓋もないほど当たり前の魔法

イージーゴールは、われわれをコンフォートゾーンから救い出してくれる。

ミドルゴールは、カオスゾーンを避けるのに役に立つ。

そしてギャランティードゴールによって、ポテンシャルゾーンにとどまることができるようになる。

ただ、唯一の問題は、誰も達成が保証された目標《ギャランティードゴール》などというものがこの世にあるとは信じないことだ。実際、この言葉は矛盾しているように聞こえる。これから先の未来に起こることをどうやって〝保証〟できるというのだろう?

この言葉への違和感はいまにはじまったことではない。われわれはじつは、２３０年以上前からこの問題と向き合ってきた。

「人生のなかで保証されているのは、死と税金だけだ」というセリフは、ベンジャミン・フランクリンの言葉だとされているが、オリジナルはこれとはすこし違う。もとは１７８９年に、彼がフランスの科学者であるジャン＝バティスト・ルロワに送った手紙にある「この世の中で確実にやってくると言えるのは、死と税金以外にはない」[1]という一節だった。

これはおおむね真理をついている。人生に確実なことなどほとんどない。だが、ソーシャルメディアには、あきらかに実現しないであろう〝保証〟をあなたに売りつけようとする輩《やから》があふれている。「週に20分の作業で、数百万ドルの不労所得を!」「医者が体に悪いと警告する、とある食べものをやめるだけで、リバウンドなしで40キロ減!」「絵が苦手な青年が、スカンクの落書きを１９００万ドルで売って億万長者に!」「あなたもＮＦＴで暗号通貨の王国を築こう!」などなど。

何かを〝保証〟しようとする人がいたら、つねに疑ってかかるべきだ（私だって例外ではな

行動を
ともなわない
言葉には
意味がない。

ジョン・エイカフ

#AllItTakesIsAGoal

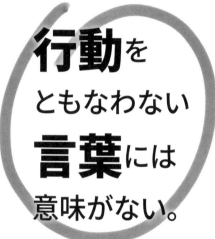

い）。とはいえ、人生には死と税金以外にも確実なものが、たしかに存在するという事実は否定できない。

たとえば、あなたがポッドキャストの録音をはじめると、いつもブロアー〔落ち葉を強力な風で吹き飛ばす機械〕のやかましい音が聞こえはじめる。ズームでのミーティングで、静かに話したいと思っているときに限って、お隣さんが庭仕事をはじめる。ようやく赤ん坊を寝かしつけたと思った瞬間に、〝ただなんとなく〟という理由でホームセンターでレンタルした削岩機のスイッチを入れる男が、どこからともなく出現する。

これらは確実に起きることであり、世界はそうした出来事であふれている。だがじつは、みながその存在を信じない、目標であるにもかかわらずその達成が保証されているもの——すなわち、ギャランティードゴール——も、この世の中には存在する。これは要するに、努力すれば必ず達成できる目標のことだ。

作業を続ければ、失敗はありえない。

プロセスに集中すれば、例外なく成果が出る。

時間をかければ、必ず報われる。

これこそがギャランティードゴールの魔法だ。身も蓋もないほど当たり前のことなのだ。

だがそれが、ただの思い込みではないと、なぜ言えるのだろうか？　これからの12カ月で、過去10年間よりも強い肉体を間違いなくつくれると言いうるのはなぜか？　それは、今年１５０

回クロスフィットのワークアウトをすれば、いい体にならないわけがないからだ。私はここ10年、ウエイトを使ったトレーニングはいっさいしてこなかった。ならば今年150回もそれをこなせば、どうなるかはあきらかだろう。

ちなみに体を鍛えようと思い立った当初は、こんなことは考えていなかった。当時の私にとって、それはあまりに大きすぎる目標だからだ。はじめから「ここ10年間まともにウエイトトレーニングをしてこなかった。だから、今年は2日に1回はやるぞ！」と宣言したらきっと〝頑固な自分〟がたちまち反乱を起こしただろう。

ただ、本音を言えば最初からそのペースで進みたかったし、正直なところ実際にすこしやってもみた。なにしろ私はカオスゾーンの王様みたいなものだからだ。とは言え、ベテランのウサギも、たまには懲りることはある。

今回は慎重にものごとを進めることにした私は、ミドルゴールの段階に移行しても、年に150回のワークアウトをしようとは考えなかった。まだ準備が十分ではなかったからだ。もしそこであせっていたら、基礎もないままに、「よし、3回トレーニングできた。じゃあ300回だっていけるはずだ！」などとのたまいながら、カオスゾーンに頭から突っ込んでいくことになっただろう。そんなペースはせいぜい3週間程度しか続かず、途中で燃え尽きてギブアップしてしまったはずだ。

> 努力すれば必ず結果がついてくる。それがギャランティードゴール。

だからミドルゴールとして、まずは月に12回のワークアウトを目指すことにした。それができたら次は15回、その次は20回と増やしていった。そしてスタートして3カ月ほど経ったころ、もしかしたら年に150回できるんじゃないかと思いはじめた。だがそれでも、急いでペースをあげることはしなかった。君は無理をして怪我をしがちなタイプだ、というトレーナーのケイレブの指摘はあたっていたので、私はただひたすら、イージーゴールをミドルゴールに変えていくことに集中した。そうしてついに、もっともすばらしいゴールである、ギャランティードゴールへの準備が整ったのだった。

どうしてそれがわかるのかって？　証拠があるからだ。イージーゴールの達成はミドルゴールへの準備が整った証拠であり、ミドルゴールの達成はギャランティードゴールへの準備ができた証拠である。次の段階に進めるタイミングについてあれこれ考えを巡らせる必要はない。結果を見れば、一目瞭然だからだ。

いちおう断っておくが、すべてのイージーゴールがギャランティードゴールにいたるわけではない。だが逆に、すべてのギャランティードゴールがイージーゴールからはじまるのも事実だ。

たとえば、ニューヨーク州西部で臨床社会福祉士をしているケイティ・コリックは、前の雇用主の401K（確定拠出年金）から、いまの雇用主の元に資金を移すことをイージーゴールにした。本人いわく「面倒だと思って先延ばしにしてきたけど、結局それほど時間はかからなかった」という。集中して取り組んだらせいぜい1時間ほどで終わったので、実際、簡単だった。これにより、彼女はお金に関する小さなゲームに勝利したわけだが、それをミドルゴールやギャランティードゴールに変える必要はなかった。つまり、そこからの3カ月でお金の使い方を変えたり、公認会計士を目指したりはしなかった。たんにイージーゴールを使って、コンフォートゾーンを抜け出しただけだ。

ゴールのハシゴというのはこういうものだということを忘れないでほしい。次の段階に進化するのは全体の1割か2割程度にすぎない。私はこれからも数多くのイージーゴールを試していくことになるだろう。イージーゴールは数分から、長くても数日程度で終わるし、基本的にお金はかからず、やるべきことも明確だ。放置していたメールに返信する。洗濯物を取り込む。車のなかを掃除する。半年前から切れている電球を交換する。ビタミンのサプリを買う。年に一度はパスワードを更新する、などなど……。人生はイージーゴールであふれている。

すべてのイージーゴールがギャランティードゴールにいたるわけではない。だが、すべてのギャランティードゴールはイージーゴールからはじまる。

そのなかにはきっと10個ぐらいは、有意義で楽しいからもうすこし手間をかけてもいい、と思えるものもあるので、それをミドルゴールにする。せっかくビタミンのサプリを買ったのなら、1カ月毎日飲んでみようと思うかもしれない。あるアイデアについて1週間続けて文章を書いたのであれば、さらに数週間書きつづける価値があるかもしれない。ビジネスコーチとの数回の話し合いは、その後、3カ月にわたるセッションに発展するかもしれない。

そしてその10個のミドルゴールのうちのいくつかは、本気で取り組むべきギャランティードゴールに変わる。

では、それをどうやって見分けるのか？　そのような目標は、次の5つの要素を兼ね備えている。

1．ギャランティードゴールの達成には、通常3カ月から1年ほどの長い時間がかかる

目標がすぐに達成できるのはすばらしいことで、とくにコンフォートゾーンを脱出するのにはもってこいだ。しかし、自分の潜在能力を活用するには、長期にわたってパフォーマンスを維持する必要がある。つまり、ポテンシャルゾーンを〝訪れる〟のではなく、そこに〝住む〟必要がある。そこで、役に立つのが長期スパンの目標だ。私のいまのギャランティードゴールの1つは、今年、800時間をかけて新しいアイデアを生みだすことだ。毎年1冊は本を書きたいと思っていて、それにはだいたい500時間から600時間くらいかかることがわかっている。だから800時間かけてアイデアを練れば、年の終わりまでには必ず新しい本ができる。これを一気に片付けることはできない。8時間しか執筆できない週もあるだろう。それでもちゃんとコツコツ取り組んでいれば、結果は保証されている（私のインスタグラムのアカウント

@JonAcuffにアクセスしてもらえば、私の作業時間の記録を見ることができる)。

以下に、こうした長期スパンの目標の例をいくつか挙げよう。

会社で新しい商品を発売する

私が以前、ボーズ(音響機器メーカー)で働いていたころ、同社では1年から1年半ほどのスパンで新しいスピーカーセットを市場に出していた。これこそまさに、ギャランティードゴールだといえるだろう。何台売れるかは保証できないし、社外のサプライチェーンの問題についてもコントロールはできない。だが、12カ月から18カ月ほど社内の洗練されたシステムを通じて新商品の開発に取り組めば、新しいスピーカーを確実に発売できる。数十年もかけてイージーゴールやミドルゴールの達成を積み上げてきたことで、ボーズならこれができることはもう証明済みなのだ。ビジネスの世界ではこのように、自然と長期スパンの目標が多くなる。

これはあるソフトウェア開発会社のマーケティング担当副社長から聞いた話だが、彼は会社に採用された当時、CEOから最初の半年はマーケティング活動をまったくやらせてもらえなかったそうだ。それよりも、チームのことをよく知ってほしいというのがCEOの考えだった。ウサギ気質でスタートダッシュをしたかった彼にとって、これはなかなかつらかったが、それでも最後には賢いやり方だと気づいたという。半年かけてチームや会社や社風について学べば、良い副社長になれるのは間違いないからだ。これぞ、ギャランティードゴールである。

マラソンに向けて準備をする

マラソンの準備には通常、16週間から20週間ほどかかる。こうした運動についての目標も、しばしば長いスパンになりがちだ。体重を落とすには時間がかかる。筋肉をつけるには時間がかかる。自転車やローイングマシンに慣れるのにも時間がかかる。大きな目標を達成するには、必ず長い時間がかかるのだ。それにギャランティードゴールに必須の、柔軟性も必要となる。

たとえば、マラソンのトレーニング中に怪我をしたらどうするか？　あきらめるしかない？　いや、いったん休んで回復に努め、それから違う大会を探せばいい。ここが、ギャランティードゴールが普通の目標とは違うところだ。普通の目標だったら「私は○○までに××を達成する」という形になるだろうが、それが〝確実に〟できるかはわからない。膝を怪我すれば、3カ月は走れなくなるかもしれないからだ。だが、ギャランティードゴールの場合、「私は16週間から20週間かけて、マラソンに向けて準備をする」という形になる。これなら怪我をしても、目標が果たせなくなることはない。ただ、予定を数週間先に延ばして、トレーニングができるようになるまで待てばいいだけだからだ。実際には、エントリーした3つめの大会で、ようやくマラソンを走れたということになるかもしれない。だが、最後に完走を果たしたときには間違いなく、あなたはポテンシャルゾーンの住人となり、スーパースターのような気分になっている。これは〝確実〟だ。

家庭菜園のやり方を学ぶ

「5キロのアスパラガスを収穫する」というのは、ギャランティードゴールにはふさわしくない。土壌や天候、近所に生息しているシカなどのファクターを自分でコントロールできると思っている人は、プロの農家に笑われる。だが「家庭菜園のやり方を学ぶ」なら、すばらしいギャランティードゴールである。努力さえすれば、120日間のアスパラガスの成長サイクルが終わるころには、この手間のかかる野菜についての知識が増えていることは〝間違いない〟からだ。

ハワイへの家族旅行のために貯金をする

ハワイはオープンな場所だ。基本的には誰であれ、行きたいと思えばいつでも行ける。旅行資金さえ持っていれば、渡航許可が下りないということはありえない。だから私の友人は、6人家族での大旅行に向けて、10年かけてコツコツと貯金をした。しかし新型コロナウイルスによってキャンセルを余儀なくされ、彼が実際にハワイに行けたのはさらに1年後のことだった。だが考えてもみてほしいが、この目標に向けて合計11年も頑張ったのだ。何があろうと実現させるに決まっている。もしすべての航空会社がハワイへのフライトを中止したとしても、彼は泳いででもかの地を目指したにちがいない。

長いスパンでの目標を追うことのメリットは、あなたがポテンシャルゾーンにいるかぎり、時間の長さが、あせりではなく、飽くなき探究心を呼び起こしてくれることだ。

私が目標である100万部を売り上げるには、これまでにかかった時間も含めて、すくなくとも22年を要するだろう。だが友人であるグレッグ・マキューンは、1冊の本でロケットのように飛びだしていった。『エッセンシャル思考』（かんき出版、2014年）というその本は、それだけで100万部以上を売り上げた。これはまさに偉業であり、私も最近になってようやく祝福できるようになった。ただ、本人に会って憎めないやつだとわかるまでは、正直なところ、嫉妬でいっぱいだった。

私はそんな経験はしたことがない。これまでに8冊の本を書き、売り上げは合計で80万部だ。目標まであと20万部。あと数冊でいけるだろう。もし年に1冊ずつ書けば、達成は50代の半ば。予想よりも3年ほど遅れた場合、60前ということになる。

ただ、だからといって、私の気力がなえることはない。なぜなら、まだ1冊も本を書いていないタイミングで、このギャランティードゴールを設定したわけではないからだ。8冊の本を書き終え、何百ものイージーゴールと何十ものミドルゴールを越え、自分が正しい道を進んでいるという確信を得た。そこでようやく「これからの10年で、累計100万部を売る」と言える準備が整ったのである。

いまでは、長いスパンの目標があることがうれしくなっている。ポテンシャルゾーンにいつづけるのはとても気持ちがいいからだ。予想よりも早いのか遅いのかはさておき、結果はいずれついてくるし、その過程で、自分の才能をおおいに活かすことができる。最高の瞬間もどんどん増えていく。私は待たされるのは嫌いだ（好きな人などいないだろう）。だが、ポテンシャルゾーンのなかにいる時間は、待つというよりも、まるで最高のパーティーを楽しんでいるような気分だ。

いい文章が書けたり、いいトレーニングができたあと、私はそんな感覚になる。疲れてはいるが、高揚感がある。くわえて、半年後、1年後、あるいははじめてから22年が経つころには、目標達成という大きなプレゼントが待っている。これこそ、確実に、良い形で、人生を歩んでいく方法と言えるだろう。

2．ギャランティードゴールは100パーセント自分でコントロールできる

着々と努力を積み上げていけば、数学的に当然の帰結として結果は出る。これは奇跡ではない。妻と子どもをどう扱うかについて、100パーセントの責任を負っているのは、ほかなら

ぬ私だ。その日にいやなことがあろうが、仕事でストレスがあろうが、出張で疲れていようが関係ない――彼らに優しくするかしないかはすべて私しだいなのだから。

もちろん、世の中には自分ではコントロールできない目標もたくさんあるが、そうしたものはギャランティードゴールにはふさわしくない。たとえば、自著が『ニューヨーク・タイムズ』のベストセラーリストに載るかどうかは、完全に自分のコントロールの外にある。本の販促チームのリーダーシップをとったり、マーケティングプランを提示したり、本が出る前にポッドキャストで50の番組に出演したりすることはできる。だが、『ニューヨーク・タイムズ』のベストセラーリストの選考基準は非公開であり、その実態は謎に包まれたままだ。

ある年、私は「親友のマットと一緒に散歩をする機会を26回つくること」をギャランティードゴールにしようと思った（老眼でメニューが読めず、散歩が大好きで、道中ではドングリを拾う……これではまるで老人だ）。まず、これには長い時間がかかるので、「3カ月から1年ほどの時間を要する」という最初の条件は満たしている。もし2週間に1回散歩ができれば、1年で達成できる計算だ。ただ問題なのは、マットのスケジュールをコントロールできないことだった。彼の出張が増えたせいで、この目標はすぐにそのままでは達成不可能になった。これをギャランティードゴールにするには「マットと一緒に散歩をする機会を26回つくる」ではなく、「マットに一緒に散歩をする機会を26回つくるよう働きかける」に変えたほうがよさそうだった。つまり、できるかぎり自分のスケジュールを調整して、こちらから散歩に誘う。その部分についてはＩ００パーセント自分でコントロールできるからだ。

ニューヨーク州イサカでヴィンテージショップを経営しているブレンナは、オンラインストアで1年に売れる商品の数を完全にコントロールすることはできない。魔法使いではないのだから。ただ、彼女のギャランティードゴールは別にある。「いまは1日に、すくなくとも5〜10点ほどの商品を出品して、1年で２０００点になるようにしてるの」と彼女は言う。最終的な目的はオンラインストアを繁盛させること。そして、古着や絵本などの商品をあわせて２０００点出品すれば、それが必ず達成できることを、彼女は知っている。ブレンナは自分のできることに集中し、年の終わりには必ず結果を出すのだ。

不動産の販売は古着とはまた違うが、それでもギャランティードゴールをつくることはできる。新しい地域のモデルハウスに見学者が17人来れば、そのうちの3人が販売代理店の話を聞きにいく。そして、そのうちの1人が購入にいたる。それをさらにさかのぼって「１０００人に広告を見せれば、17人がモデルハウスを訪れる」と言うこともできるだろう。家を買う人の数を厳密にコントロールすることはできなくても、何人に認知させれば購買にまでたどりつく人が出てくるのかを知っていれば、どれくらい広告をうつのかは自分で決められる。ここまでくれば、たんに「すばらしい不動産業者になりたい！」というよりも、はるかにギャランティードゴールに近づいている。

3. ギャランティードゴールは進捗を測りやすい

私には今年、第6章で紹介した「キャリア・お金・人間関係・健康・楽しみ」というそれぞれのビッグゲームに1つずつ、合計5つのギャランティードゴールがある。

キャリア――800時間かけてアイデアを練る。
お　金――毎週15分かけて自分の会社の損益計算書を見直し、1回あたり平均で3つずつとるべき前向きなアクションを考える。
人間関係――妻と子どもたちに365回優しくする。
健　康――クロスフィットのトレーニングを150回こなす。
楽しみ――52冊の本を読む。

いま挙げた目標に共通点があるのに気づいただろうか？　どれも数字が入っていることだ。ギャランティードゴールの進捗は簡単に測れなければならない。さもないと、途中で飽きて違う目標に目移りしてカオスゾーンにはまるか、あきらめてコンフォートゾーンに逆戻りすることになる。

私の〝人間関係〟における当初の目標は、「良き夫、良き父親になる」というものだったが、それではあまりに漠然としていて、進捗を測ることができない。ではどうすればいいか？　「今年、妻と子どもたちに３６５回優しくする」なら大丈夫だ。これから12カ月のあいだに、自分がもっとも大切にしている人たちに、小さなことから大きなことまで含めて、３６５回、何か親切なことをすればいい。

この目標を思いついたのは、妻がよく、〝前もってジョンに伝えとかなきゃ〟というひとり言を言っているのに気づいたからだった。夫婦でディナーパーティーに招かれて、一緒に会場に向かっている途中に彼女は「あとでへそを曲げてほしくないから、最初にはっきり言っておくわ。パーティーには、あなたの友だちが3人来る。私たちがいられるのは2時間だけ。あと、パーティーのホストがすばらしいワンちゃんを飼ってて、あなたはぜったいなでなでしたくなると思う。私の言ったこと、ちゃんとわかったかしら？」と言った。それはまるで、イライラしたゴリラをなだめるような口調だった。

さらに会場では、私が親しみやすい態度をとったり、会話に進んでくわわったりすると、みんながすごく驚いているのに気づいた。パーティーの終わりには「今夜はジョンがいてくれてよかったよ！」と、ある友人が妻と私に言った。しかし私は、その日はいやなやつではなかったということを、ことさらに褒められたくはなかった。だからそのとき、不機嫌な夫や父親でいるのはもうやめにしようと思ったのだ。では、ここからの1年で、妻と子どもたちに３６５回、何かいいことをしてあげたらどうか？　年が終わるころには間違いなく良き夫、良き父親になっているだろう。これなら進捗を測ることができる。

もしいま、あなたのギャランティードゴールに具体的な数字が入っていないなら、それがちゃんと決まるまで深掘りしよう。たとえば先ほどの「家庭菜園のやり方を学ぶ」という目標であれば、以下のように改良できるはずだ。

1．毎週1時間は菜園で過ごす。
2．3種類のトウガラシの育て方を学ぶ。
3．今年、菜園について学んだ52の知識を書き出す。
4．ガーデニングのアドバイスをしてくれるコーチを3人見つける。
5．自分の住んでいる地域の気候にあったガーデニングの本を5冊読む。

もしこのうちのどれかを、進捗を測りながら実行に移せば、今年が終わるころにはあなたはいまよりもガーデニングが上達している。それは間違いない。

4．ギャランティードゴールに取り組んでいるときは、より計画的に進めざるをえない

私が今年、アイデアを練るのに800時間を費やすのであれば、そのためにスケジュールを調整する必要がある。これは予期せぬ混乱ではない。数学的に見て当たり前だ。1年は8760時間で、1日に7時間寝るとすると、使えるのは6205時間。目標を達成するには、このうちの約8分の1はアイデアづくりにあてなければならない。大変だが、やりがいがある作業だ。イージーゴールとミドルゴールをいくつかこなして自分の可能性に目覚めると、より大きなことに挑戦したくなるもので、私にとってまさにこれがそれにあたる。

もしあなたがギャランティードゴールに取り組んでいるはずなのに、スケジュール調整の必要を感じていないのであれば、それはまだ本物とは言えない。私の場合、アイデアづくりの時間を月に65時間確保するため、かなり意図的に予定を調整した。また、クロスフィットのためにすくなくとも13時間は空けなければならなかったし、本を読むためにインスタグラムを見る時間を減らさなければならなかった。お金の面での目標を果たすため、毎週15分、損益計算書を見直す時間も必要だった。ではここで、各段階の目標と時間について、おおよその目安を示しておこう。

イージーゴール――1週間の1パーセント、約2時間を必要とする。
ミドルゴール――1週間の3パーセント、約5時間を必要とする。
ギャランティードゴール――1週間の5パーセント、約8時間を必要とする。

そんなの多すぎると思った人は、すこし見方を変えてみよう。

「週に8時間も目標に取り組まなければならない」ではなく、「好きなことを週に8時間もできる！」と考えるのだ。

それにすべてのギャランティードゴールがたくさん時間をくうわけではない。私は、アイデアを練るのには、年に８００時間以上必要だが、お金の面での目標にはたった13時間しかかからない。つまり、サイズはそれぞれ大きく違う。だが、どれもスケジュールについては計画的に考える必要がある。

ポテンシャルゾーンでの時間の計り方は第17章で説明する予定なので、とりあえずここでは、ギャランティードゴールはスケジュールにそって、まるで南極の海を進む砕氷船のように進んでいくものだということを覚えておこう。つまり、最初は大変だが、その次からは、それ以外の目標を追うときにもたどっていけるような道が、目の前に開けてくる。

5. ギャランティードゴールは、人に話すと「そんなの無理」と言われる

これまでに、自分の目標を誰かに話して、その反応にがっかりしたという経験がきっと誰でもあるはずだ。クラリッサ・スリバは、これからは早起きして1日の計画を立てるようにするつもりだと友だちに話したとき、「あらそう。でも、あなたに本当にそんなことができるの？」と言われてとてもがっかりしたそうだ。彼女は「私はそのあと、早く起きられなかったときだけでなく、起きられたときですら、この言葉に苦しみました。だって、相手が間違っていることを証明してやる、というのはモチベーションとしては最低だからです」と語っていた。

ただ、その友だちがなぜクラリッサにそんなことを言ったのかについては、ある程度心理的な説明がつく。誰かが可能性を追求しようとしていることを批判する人は、おそらく内心では、自分自身が可能性を活かせずにいることを不満に思っている。ならばわれわれにできるのは、クラリッサがその友だちと距離を置くために、コトを荒立てずに一線を引く手助けをすることかもしれない。さらに言えば、彼女が感じたその落胆こそが、正しいギャランティードゴールを見つけた証《あかし》でもある。

ギャランティードゴールはあなたという存在を押し広げるものだ。ということは同時に、ほかの人がこれまであなたに抱いていた期待値を超えるものでもある。よって、友だちに自分の目標をうちあけたとき、それがイージーゴールなら「それだけ?」、ミドルゴールなら「ちょうどいいね!」、ギャランティードゴールなら「本気かい?」という反応が返ってきてしかるべきだ。

つまり、よいギャランティードゴールというのは、他人からすれば耳を疑うような、あまりに野心的すぎる、達成不可能に思えるものなのだ。「今年は800時間かけてアイデアを練るつもりだ」というのは、たいていの人には大きすぎる目標に聞こえるだろう。「2人の子どもを育てつつ、フルタイムの仕事をしながら、7年かけて学士号をとる」というのも、あまりに壮大な計画に思えるはずだ(だが、リン・ベデル・リスタイノはこれをやりとげた!)。

「オリンピック競技である重量挙げを40歳ではじめ、4年間トレーニングを積んで、州記録をうち立てる」というのも、普通は無理だと感じるだろう（だが、キャサリン・リトル・マッカレルはこれを実現した！）。

「いまはトラックの運転手だけど、これからピアノの調律師になるつもりだ」というのも、あまりにギャップが大きすぎて難しいと思うはずだ（だが、ロナルド・ムーアのキャリアは本当にそうなった！）。

「妻と子どもたちに365回優しくする」というのも、きっと普通の人からすれば、奇妙な目標だろう。だが、私はそれを実行した。

誰かにギャランティードゴールについて話して、そんなの不可能だと言われたとしても、それは失敗ではない。むしろ、本物である証拠だ。

それに、〝自分が目標を達成できること〟を誰かに納得させるのは大変だが、〝そんなことは無理だ〟と思わせるのは造作もないことだ。周りを味方につけようとするのはしんどい。だがひんしゅくを買うのは、この場合は楽しくすらある。クラリッサが友だちに目標を話す前に、この事実を知っていたらどうだっただろう。がっかりしてやる気をなくすかわりに、「私はいま正しい道を進んでいるんだわ」と思って、話を終わりにすることができたにちがいない。

ウサギたちよ、よろこべ！　ついに駆け出すときがきた！

もしあなたがギャランティードゴールに向かってスピードをあげたいのなら、とにかく締め切りの数を増やせばいい。

誰だって、レースでゴールラインが見えているときにスピードをゆるめたりはしない。営業チームは四半期の終わりには、最後の力をふりしぼる。大学生だって、学期の終わりには、普段よりもペースをあげて勉強する。

性格や気性、バックグラウンドに関係なく、誰であれ、締め切りを適切に設定すれば、それを守ろうというモチベーションがわいてくる。だから、自分のギャランティードゴールに必要な数だけ、締め切りを用意しよう。

私がはじめて年に８００時間をアイデアづくりにあてようと思ったとき、締め切りはたった１つ――12月31日だけだった。だが、これでは足りない。３６５日にわたる目標に取り組むのに締め切りが１つだけでは、すぐに飽きたり、くじけたりしてしまう。まるで１年間ずっと息を止めているようなものだ。

６月に入って、私は来月の頭には1年の折り返し地点を通過することに気づいた。合計８００時間という目標を確実に達成するには、そこまでに４００時間を上回っておきたいところだ。クリスマスに休みをとることを考えると、もうすこし上積みがあったほうがいい。だから７月１

日が新たな締め切りとなって、がぜんやる気がわいてきた。それに、折り返し地点の締め切りが機能するのであれば、10月1日の第3四半期の締め切りもアリなのではないか？ もしそれもうまくいくなら、毎月締め切りを設けてみてはどうだろう？ 締め切りによってモチベーションがあがるのがわかるたびに、私はそうしてどんどん締め切りを増やしていった。うまくいくやり方を見つけたら、できるかぎり何度でも使ってみることだ。

あなたにはぜひ、特大のギャランティードゴールを持ってもらいたい。おおいに〝高望み〟をして、夢のスケールについては、遠慮せず、自分に正直になってほしい。そして、そこに早くたどりつきたいと思ったときは、以下の法則を思い出してほしい。

ギャランティードゴールはできるだけ大きく。だが、次の締め切りまでの距離はできるだけ小さく。

〝やりたいこと〟ではなく〝やらなければならないこと〟についてはどうする？

この章ではギャランティードゴールの具体例をたくさん出したが、そのうちの99パーセントは、〝〜したい〟という目標だった。つまり、義務としてこなさなければならないものではなく、自分からやりたいと思うものだ。キャサリン・リトル・マッカレルは誰かに重量挙げをやらされたわけではない。ただやりたいからやった。私だって、誰かに年に52冊の本を読むことを強要されているわけではない。読みたいから読む。あなただって家庭菜園をつくらされているわけではない。つくりたいからつくるのだ。

だが、人生はやりたいことばかりではない（そうでしょう？）。実際あなたはいま、膨大な〝やらなければならないことリスト〟を抱えて、オフィスの席に座っているところかもしれない。仮にあなたが小さな会社を買収したとして、新しい会社を自社の文化になじませる方法について考えたいだろうか？　おそらく違うだろう。考えなければならないのだ。気難しい同僚とあえてつきあいたいわけではなくても、つきあっていかなければならない。予算をやりくりする方法を学びたいとは思っていなくても、学ばなくてはならない。

ゴールのハシゴをのぼっていくのが、〝したいこと〟を達成するのに役立つのは間違いない。だが、〝やらなければならないこと〟についてはどうだろう？　それをギャランティードゴールに変えることはできるのだろうか？　では、たしかめてみよう。

16

恐怖を目標に変えて、行く末を見守る

Turn Fears into Goals and Watch Them Fall

私はお金が怖い。怖いもののなかで、間違いなくナンバーワンだ。ちなみに、私が個人的に恐怖を感じるものや出来事を並べてみると、以下のようになる。

1. お金
2. クモ
3. 自宅の床下に潜りこまなければならないこと
4. 飛行機がもう離陸しそうなのに、頭上の荷物置きにスペースが見つからないこと
5. 無理な場所に車を停めざるをえないこと

だが、後ろから4つは簡単に対処できる。うちには害虫駆除業者をいれているので、クモに

ついては大丈夫だ。また、床下で何か問題が起きたときには、確定拠出年金の全額をあててでも、誰かを雇ってなんとかしてもらう――おそらく幽霊こそ出ないものの、せいぜい棺桶程度の高さしかない、妙な生き物がうようよいる地下の迷路を腹ばいになってはいずらなければならないのは、私にとってまさに悪夢だからだ。それに、ひいきにしている航空会社2社から上客として扱ってもらっているので、早めに飛行機に乗り込めるため、スーツケースを置くスペースは必ず見つかる。そして最後に、私の愛車は、停めるのが簡単な小型のフォルクスワーゲンだ。私はこのようにして5つの恐怖のうちの4つに、十分な対策を講じている――だが、お金は本当にやっかいだ。

お金への恐怖はひとつには、つねに誰かが私を経済的に搾取しようとしていることに端を発している。誰が、いつ、どのように、と問われれば、みなが、つねに、あらゆる方法で、と答えるしかない。それが私の考え方だ。私のお金についての不安は、これまでに何百回も銃を突きつけられてお金を取られたり、毎年のように銀行に家を差し押さえられそうになった経験でもあるのかと疑われかねないほどに強い。ベストモーメントリストを通して、自分が〝つねに何かが足りない〟と思っていることを自覚したし、ある程度改善もできた。だがそれでも、このような不安はいまだにちょくちょく頭をもたげる。

私は物書きであり、数字に弱い。普通の人にとってはとるにたりない計算でも、私にとっては微分積分のように難解だ。レストランで渡すチップの計算をするだけで頭が痛くなる。そのため、結局いつも数字を切り上げて1桁多い額を渡してしまう。高校で習った代数は、呪文のようだった。数字を扱うだけでいっぱいいっぱいだったのに、そこに文字まで入ってきたせいで、何を言っているのかさっぱりわからなくなってしまったのだ。

それに、自分がいつか『ショーシャンクの空に』のアンドリュー・デュフレーンのように逮捕され、刑務所からの脱出計画を練らざるをえない状況に追い込まれるのではないかという恐怖もある。一度でも財務上のミスをおかせば、IRS（アメリカ合衆国内国歳入庁）に追われることになるのではないかと、つねにビクビクしているのだ。私はヘビも、人前で話すことも、高いところも怖くない。だが、書類を前にすると冷や汗が出てくる。

大人になるとたくさん書類を書かなくてはならないので、これは不幸なことだ。大人としての時間は、うまくやれれば子ども時代よりもずっと楽しいものだが、それでもそこには自分でお金をやりくりするという義務が必ずついてまわる。

お金について、現実逃避をするのは良くない――自分でビジネスをやっている場合にはとくに。「お金についてちゃんと考えないと、ビジネスを長く続けることができない」というのは、起業家として当たり前のルールだ。簿記係や会計士やファイナンシャル・プランナーなど、専門家の助けが欲しければ好きなだけ雇えばいい。だがいずれにしても、完全におまかせというわけにはいかない。

こうした状況は5つのビッグゲームのどれをプレイするときにも生じうる。

体調に気を使いたくなくても、使わないわけにはいかない。

出張に行きたくなくても、行かないわけにはいかない。

壊れた人間関係を修復したくなくても、しないわけにはいかない。

気分転換のための休暇をとりたくなくても、もしワーカホリックになっているのなら、とらないわけにはいかない（ワーカホリックではない人からすれば、休暇をとらないわけにはいかないなんて、妙なことを言っていると思うかもしれない。だが、気分転換のための休暇をとることを、〝満たすのが難しい義務〟だと感じている人が大勢いるのは、まぎれもない事実だ）。

充実した人生は〝しなければならないこと〟であふれている。それは避けられないタスクであり、なかったことにしたいプロジェクトである。


充実した人生は“しなければならないこと”であふれている。

あなたが避けたいと思っていることはなんだろうか？　十中八九、私とは違うだろう。あなたは空調関連の仕事についていて、床下に入れない人がいるなんて信じられないと思っているかもしれない。あるいは会計士をしていて、お金関連のことなんて、あなたにとっては自宅の庭みたいなものなのかもしれない。あるいはトラックの運転手なので、大型トラックを狭いスペースに停めるのは、朝飯前なのかもしれない。

そして、あなたと私では、考えるだけでぐったりしてくるような〝ゲーム〟もきっと違うだろう。たとえば、「キャリアが行き詰まっている」「体重のことなんて気にしたくない。最後には現代科学が、レーザーかホログラムで健康にしてくれればいいのにと思っている」「どうやって人間関係を広げればいいのかわからず、孤独に過ごしている」「自分のアイデンティティは仕事だけ。遊びに意味があるとは思えないし、楽しいという感覚がよくわからない」などなど。誰にでも〝考えたくはないが、考えなければならないこと〟はあるものだ。

では、第6章で提示した質問をひっくり返してみよう。つまり、「キャリア、お金、人間関係、健康、楽しみ」の5つのゲームのうち「どれをプレイしたいか？」ではなく、その逆を考えるのだ。

あなたはどのゲームをプレイしたくないのだろうか？

ハシゴをのぼっていこう

じつのところ、カエルは熱いお湯からは逃げだすものだ――たとえ、最初はそのお湯が冷たい水だったとしても。モチベーションに関して世間でよくいわれている〝ゆでガエル現象〟は、科学者たちによって否定されている（彼らがなぜそんなテーマを研究しようと思ったのかはわからないが）。つまり、カエルをぬるま湯にいれてゆっくりと温度を上げていくと、あの俗説に反して、カエルはそこから飛びだす。ハーバード大学の生物学教授であるダグ・メルトンは、この事実を次のように端的にまとめている「カエルを沸騰したお湯に入れれば、飛びだす間もなく死んでしまう。一方、冷たい水に入れれば、熱くなる前に飛びだす――わざわざあなたのためにじっとしていてはくれない[1]」

　だから、これまで何千回とくり返されてきた〝ゆでガエル現象〟という間違ったたとえ話はここでは持ち出さないし、「あなたの人生における、じょじょに熱くなっていくお湯とは何か」などと尋ねるつもりもない。かわりにシンプルな質問を続けていこう。あなたがプレイしたくないのは、どのゲームなのか？

　これは簡潔に答えられるはずだ。5つのビッグゲームのうち、目を向けるのすらいやなのはどれだろう？　明日に先延ばしにしているのは？　親しい人に、何度も肩をたたかれて、早くやりなさいと促されているのはどれなのか？

　これはおそらく本書のなかでもっともわかりやすい質問だろう。自分の心に素直に問いかければ、〝被疑者〟は大声で名乗り出るはずだ。

　実際、私がこの問いを自問自答したとき、〝お金〟は黙っていなかった。どのゲームがいやなのかと検討をはじめるやいなや、まるで太平洋の孤島に取り残された遭難者のように叫びはじめた。「俺だ！　〝金〟だよ！　聞こえてるか？　見えてるか？　ココナッツを並べて『ＳＯＳ！』って書いてあるだろ！　のろしでもあげようか？　それともあんたの人生のそこらじゅうに火をつけてまわらないと、

あなたがプレイしたくないのは、どのゲームなのか？

こっちを向いてくれないのかい？」

私は以前、誰かほかの〝大人のひと〟がこうした問題を片付けてくれればいいと思っていた。人間誰しも、人生のなかで自分が大人だということを忘れてしまう瞬間があるものだ。「家にエアコンが必要だって？　費用は誰が払うんだ？　もしかして……ぼく？　誰か、この問題を片付けてくれる大人はいないの？　やっぱり、自分でやるしかないのか……。しかもエアコンがあるのは当たり前だから、とりつけても家自体の価値はあがらないなんて。なんてこった！」

これもそうした瞬間のひとつだった。そして、当時46歳だった私は、ここにいたってようやく、お金の問題をすべて魔法のように解決してくれる〝誰か〟など、いないことに気づきはじめた。これが、いつもみんなが言っていた〝自己責任〟だということにやっと思いいたったのだ。

〝原因と結果の法則〟は、扱い方ひとつで、最良の友にも、最悪の敵にもなる。行動には結果がともなうのだということを認めなければ、そこから導かれる帰結に苦しむことになる。運動しなければ、体型が崩れる。歯磨きを怠ければ、虫歯になる。執筆をせずにテレビを見れば、本は出せない。

すべての行動は、人生に影響を与える。当然の帰結だ。この法則にあらがおうとするのは、重力に逆らおうとするくらいバカげている。自分の行動に責任を持つことを拒否するのは、朝、目が覚めて、この星に重力があることに腹を立てるようなものだ。「くそっ！　こんな星に縛りつけられた体じゃあ、15メートルだって飛べやしない。ろくでもない重力め！　でも明日になったら状況が変わってるかな……」というように。

だが、原因と結果の法則を受け入れれば、こんな状態に陥らずにすむし、むしろ〝利息〟を受け取れるようになる。運動をすればするほど、良い体になれる。歯磨きをちゃんとやればやるほど、虫歯になりづらくなる。書けば書くほど、出せる本は増える。何度もくり返した小さな行動が、利息のように積み重なっていくのだ。成果はすぐには出ないかもしれないが、いずれは必ず現れる。原因と結果の法則とはそういうものだ。

さて、自分のお金についての状況を見直した私は、そこに3つの選択肢があることに気づいた。

1. お金については何も考えず、財政的に破綻してどうしようもなくなるまでコンフォートゾーンにひきこもりつづける。
2. お金のプロになると宣言し、すべてを一気に片付けようとして、カオスゾーンに突っ込む。
3. お金の問題を、まずはイージーゴールやミドルゴールに変え、最後にはギャランティードゴールにして、ポテンシャルゾーンで活動できるようにする。

私はそれまで何年も、1番の方針をとってきた。そして正直に言って、それで十分なんとかなっていた——普段はお金については何も考えず、大きな問題が発生したら、がむしゃらにそれを切り抜ける、というやり方で。だがこのとき私はすでに、ほかのゲームで、ポテンシャルゾーンのすばらしさを知っていたため、5つのゲームすべてで自分の可能性を試してみたいという欲が出てきていた。キャリア・人間関係・健康・楽しみを謳歌《おうか》しつつ、お金だけは置き去りにするという、脚だけは鍛えないボディビルダーのような状態はいやだったのだ。

また、2番の選択肢は長い目で見ると機能しないことはあきらかだった。これまで何度も、最初から全力疾走して失敗してきた苦い経験があったからだ。一度だまされただけだったら、だましたほうが悪い。だが、何百回もだまされたとしたら、だまされるほうが悪いのだ！

というわけで、3番が残った。じつのところ、この決断は決して難しくなかった。未来を予測するかわりに、ベストモーメントリストで過去を振り返ったときと同じように、ほかにとれる選択肢が残されていなかったからだ。

そして、お金と向き合うのにうってつけのチャンスは、自分の会社にあった。家のお金については妻のジェニーがいたので、それほど問題はなかった。だが、会社の財務については、私しか見ていなかったので、荒れ果てた荒野のようになっていたのだ。

そこでとりあえず、目標として「会社の財務を管理する」と紙に書いてみた。だが、これではアバウトすぎることにすぐ気づいた。そんな漠然とした目標では実行に移せない。なので、具体的なイージーゴールのリストをつくってみた。

1. 会社の月々の損益計算書を探し出す。
2. 私は〝紙派〟なので、それをコピーする。
3. 出張先のヒューストンで見直せるように、そのコピーを旅行鞄に入れる。
4. インデックスフォルダに「損益計算書」のラベルを貼り、翌週以降の書類を入れるスペースをつくる。
5. 損益計算書を見直すと、妻に宣言する。
6. カレンダーに、「15分間、損益計算書の見直しをする」というスケジュールを書き込む。
7. 会社の財務状況を振り返るのがいやすぎて、一度めの見直しをやらずにスキップしてしまったので、15分間の見直しをもう一度スケジュールしなおす。

さて、あなたはこれを見て、立派なリストだと思っただろうか？　そうでないことを祈る。もしそうなら、イージーゴールにふさわしくないことになるからだ。イージーゴールというのは「ランニングシューズを探す」とか「ジムの営業時間を調べる」とか「家の大掃除をするためのゴミ袋を買う」といった程度のものであるべきだ。最初は気楽にスタートしよう、と私が言うとき、それは本当に気楽でなければならない。

ちなみに、この7つのイージーゴールをクリアするのに、3週間ほどかかった。本当はせいぜい1時間程度で終わる作業だったが、それを21日間に分散させたのだ。私はやりたくないことについては、できるかぎり先延ばしにする癖がある。そして、それは私だけではないはずだ。

ペンシルバニア在住のクリエイティブ・ディレクターであるクリス・ルッチは、「書類の整理がぞっとするほど嫌い」だと語っていた。彼のやり方は、ただただすべての書類を同じ箱に放り込み、あとは二度と見なくてすむことを祈る、といったものだった。あなたの家にもこの箱と似たようなものがあるのではないだろうか？　過去10年で使ってきた携帯電話のコードや充電器がごちゃごちゃに突っ込んである引き出しがあるのでは？　いま、私の目の前にも、からまってネズミの巣のようになったコードの束がある。だがクリスはその状態から、母親が死に瀕したことをきっかけに、イージーゴールを使って書類整理をしようと思い立つ。「母がしまい込んだ書類を見つけるために、家中を隅から隅まで探すはめになった。だからぼくも、ちゃんと書類を整理しておかなきゃダメだと思ったんだ」。そして、先延ばしにしてきたことはたいていそうだが、実際に手を付けてみると、思ったよりも難しくないのがわかった。「結局、そんなにたいしたことじゃなかった。手をつけてみたらあまり時間はかからなかった」と彼は言う。

第5章で私は、人がコンフォートゾーンを離れる理由は、「予期せぬ危機」か「意図的なトリック」のどちらかだと述べた。母親が死に瀕したことで、クリスは予期せぬ危機を迎え、それが人生を立て直すきっかけになったわけだ。

レベッカ・フィリップスは「食洗機の洗剤入れが1年以上前に壊れて、そのままにしてあったんだけど、検索して出てきた2分間のユーチューブ動画を見ただけで、あっさり直せたの」と語っている。同じような体験談をネットで共有してくれた人はほかにもたくさんいたが、みな結果は同じで、とてもできないと思い込んでいたことが、手をつけてみたらあっさりと片付くのに驚いていた。

ちなみに、クリスの「書類を整理する」というイージーゴールは、ミドルゴールに変わる可能性がある。整理すべき書類は毎年のように出てくるものだからだ。だが、レベッカのゴールはこれ以上大きくはならないだろう。洗剤入れを直したあと、家電の修理業者に転職しようとは思わないはずだから。このように、イージーゴールのなかでミドルゴールになるのは一部だけだ。だから私は、自分のお金に関するイージーゴールをこなしたあと、次の2つの点について考えてみた。

1. これはミドルゴールにする価値があるだろうか?
2. もしそうなら、どういう学びがあったから、次の段階に進もうと思ったのか?

最初の問いに対する答えは「イエス」だった。たった1週間取り組んだだけで、お金に関することに力を入れれば、十分な見返りがあることがわかったからだ。それに、お金は思っていたほど怖くはなかった。ただ、あとから考えてみれば、これはある意味当たり前だった。専門家に言わせれば「何かに対する恐れや恐怖症を克服する一番の方法が、暴露療法〔恐怖の対象に逃げることなく直面すること〕なのは間違いない」[2]からだ。

いやなことを避けつづけるだけで、いずれ怖くなくなれば最高だろうが、世の中そううまくはいかない。実際には「恐怖の克服は、心理学者が『脱感作《だつかんさ》』と呼ぶ、『嫌悪や恐怖を感じるものにくり返し触れることで、それがじょじょに当たり前のものに思えてくる』という作用によって起きる」[3]からだ。また、そもそもお金に嫌悪をおぼえるなんておかしい、と思う人もいるかもしれない。だが私にとって、お金の管理をイージーゴールに変えるまでは、それが現実だったのだ。

さらに私は、もうひとつ重要なことにも気づいた。メモをとらずに損益計算書を見直しても意味がないということだ。たしかに、ただ見直すだけでもタスクリストにチェックを入れられるかもしれないが、そんなことをしても実際にはなんの役にも立たない。次の段階に進むには、メモが必須だ。

こうして私は、ミドルゴールとして、1カ月のあいだ、週に1回、損益計算書を見直すことにした。まずは帳簿付けを頼んでいる人と相談して、毎週水曜日の午後に最新版を送ってもらうようにした。そして、そのための時間を前もって確保して確実に実行し、気づいたことを積極的に書きとめることにしたのだ。

たとえば、2021年12月。私の会社の講演による収入は、例年に比べて80パーセントも多かった。普通、企業は、年末は休みなのでイベントはやらない。しかしこの年は、新型コロナのせいで多くのイベントが中止になったため、その分、年末の開催が増えていた。ただ、2022年は、そうはならないはずなので、12月の収入をほかの何かで埋めあわせなければならないことがわかる。

こうして私は1カ月のあいだ、ミドルゴールに取り組んだ。そしてそのあと、ふたたび2つの問いについて考えた。

1. これはギャランティードゴールにする価値があるだろうか?
2. もしそうなら、どういう学びがあったから、次の段階に進もうと思ったのか?

最初の問いに対する答えは、また「イエス」だった。

損益計算書を見直してみると、自然と新しいアイデアがいくつも浮かんできたからだ。そのなかには、「自社の商品であるフィニッシュ・カレンダー（FinishCalendar.com）の販売時期を早める」という小さなものもあれば、「10月までに新しい本の企画書を書いて、年内に出版契約締結を狙う」という大きなものもあった。そして、いったんこのように考えはじめると、自分はこれまで、計器パネルも見ずに飛行機を操縦していたのではないか、という気分になった。

「ああ……だからこんなに揺れるし、乗客は酔って気分が悪くなって、吐きつづけてるんだ。着陸装置は動いてないし、エンジンは火を噴いてる。ちゃんと問題に対処すれば、きっとすべてがもっとスムーズに進むはずだ」

また、メモをとるのはいいことだが、それを使って何かをしなければ意味がないことも学んだ。損益計算書を見てわいてきたアイデアで、ノートを１００冊埋めつくすこともできるだろう。だが、それをチームのみんなに共有し、実際のプロジェクトにしないかぎり、何も変わらない。

このようにして、ギャランティードゴールが形をとりはじめた。私は毎週15分かけて損益計算書を見直し、各回平均で3つのアクションを導き出すことを自分に課した。なぜ〝平均〟なのかといえば、ミドルゴールに取り組んでいるうちに、ある週は1つしかアクションがとれなくても、ある週は5つもとれるということが起こりうるのがわかったからだ。そのため、厳密に週に3つと決めるより、平均にしておいたほうが、長期的に見たときにうまくいく。ここまでくれば、会社の財務状態を改善するという目標の、成功は間違いなかった。なぜなら、この年が終わるまでに私は損益計算書を52回見直し、１５６のアクションをとることになるからだ。これだけの回数、情報を吟味してアクションを起こせば、財務状態がよくならないわけがない。

さて、では仮に、損益計算書を見直そうと思い立ったとき、スタートから一気に最高速まで加速するようなやり方で、1年間、毎週それを続けることはできなかったのだろうか？　できたかもしれない。イージーゴールとミドルゴールをスキップすることとは？　これもできたかもしれない。だがその場合、損益計算書を見直しながらメモをとることの大切さは学べなかっただろうし、週に平均3つのアクションが必要だということもわからなかっただろう。それにこれまでの47年間の人生から考えるに、じょじょに伸ばしていくのではなく、いきなり目標に向かって全力疾走したら、3週間くらいで投げ出してしまった可能性は高い。

たしかに、はじめからジャンプして、ゴールのハシゴの最上段にあるギャランティードゴールに手を伸ばすことも、不可能ではない。強い意志と根性と勤勉さがあれば、〝懸垂〟をするようにそのまま体を引き上げることも、場合によってはできるかもしれない。ただ、言うまでもなく、一歩一歩ハシゴをのぼり、一段ごとに学びを深めていくという道もある。

このステップバイステップのアプローチを使えば、楽に加速をつけていくことができる。人生における〝やりたいこと〟ではなく、〝やらなければならないこと〟の場合にはとくにそうだ。最初のうちは、まどろっこしいと思ったり、誰もが持つ〝一夜にして成功したい〟という本能に反すると感じたりするかもしれない。だが、ゴールのハシゴをあえて一歩ずつのぼっていくことのメリットは、つねにそのコストを上回る。

ゴールのハシゴを
あえて一歩ずつのぼっていく
ことの**メリット**は、
つねにその**コスト**を上回る。

ジョン・エイカフ

#AllItTakesIsAGoal

誰もが見逃していること

ある日の午後、ナッシュビルに戻る飛行機で私の隣に座っていたのは、31歳の製薬会社のマネージャーだった。その日が木曜日だったのを考えると、これは珍しいことだった。普通なら〝ミュージック・シティ〟のホンキートンク〔カントリーミュージックが楽しめるバーやレストランのこと〕に向かう、バチェロレッテパーティー〔結婚を控えた男女が、独身時代最後の大騒ぎをするパーティーのこと〕の参加者で満員になるところだからだ。ちなみに、これから花嫁になる女性がずっと大騒ぎをしているため、航空業界では、こうした便のことを〝ウーフー・フライト〟と呼ぶほどだ。

それはさておき、私は隣に座った彼から、身の上話を聞くことになった。いわく、会社では早くに出世し、いまの地位に落ち着くまで、それぞれのポジションで記録的な業績をうち立ててきたという。しかし、若くしてもう上にはひとりしか上司がいないところまできてしまい、身動きがとれなくなってしまったそうだ。

そして自分がコンフォートゾーンに飲まれつつあるのがわかった。だから年上の同僚から、「君はもう十分すぎるくらいうまくやってるよ。いまの君の歳のとき、私はまだまだ下っ端だったんだから」と言われて、むしろ腹が立った。もっと新しい、大きなことにチャレンジしたい。彼は、そう思っているようだった。

ハイパフォーマーたちはこうした状況に置かれると、自分の人生に手榴弾を投げ込んで、すべてを変えてしまいたい誘惑にかられる。そして誰もが、人生を変えるにはイチかバチかしかないと考えがちだ。そこで私は彼に、まずはその目標をイージーゴールに変え、その後、ミドルゴール、ギャランティードゴールへと伸ばしていく方法を勧めた。

その場合、まず彼がやらなければならないのは、興味を持てるキャリアの目標を3つほど見つけることだ。「とりあえず、ポッドキャスト、メンターシップ、リーダーシップについて可能性を探ってみたらどうかな」と私はアドバイスした。もしかしたら彼はこれから、若きプロフェッショナルに向けたポッドキャストをみずからはじめて、自分のように若くしてキャリアが頭打ちになってしまうという悲劇を防ぐための情報発信をすることに、夢中になるかもしれない。あるいは、いまの会社で新たなチャンスに開眼させてくれるメンターを見つけるかもしれない。それに、まだいまのポジションについて半年しかたっていないのだから、よりよいリーダーになる道を探るというのもアリだろう。

これらは試す価値のあるイージーゴールであり、そのうちのどれかがミドルゴールに変わる可能性もある。もし半年後にまた飛行機で乗りあわせたら、3カ月のあいだ毎週ポッドキャストの収録をしたとか、リーダーシップについての新しいイベントに参加したというられしい報告を聞けるかもしれない。そして1年後には、ギャランティードゴールが決まっているかもしれない。メンターシップについての情報を調べていくことで、良いメンターが見つかって、自分の進歩について報告するミーティングを毎月やるようになる可能性もある。次にまたこの飛行機に乗るころには、コンフォートゾーンやカオスゾーンに飲み込まれる心配などすることなく、自分はポテンシャルゾーンにいると自信を持って言える状態になっていることだってありえる。

ぜひ、そうなってほしいと思う。

彼だけではなく、あなたにもだ。

もし飛行機で乗りあわせたのがあなただったとしても、私はまったく同じアドバイスをするはずだ。「君は自分が思っている以上のことができる。そして、失敗しづらいやり方がある。誰だってできるんだ」と。

私は飛行機のなかで、この本の内容を可能なかぎり彼に伝えたかった。だが、残念ながらアトランタからナッシュビルまではたった39分で着いてしまう。話せることは限られていた。あの若者には、本書でこれからとりあげるポテンシャルゾーンに関するもっとも重要なことすら、伝えられなかった。

すなわち、そこに入るのはタダだが、とどまりつづけるためには、〝スコアカード〟が必要だということを。

17 ゲームに勝っていることを知るために、スコアカードをつくろう

Create a Scorecard to Know That You're Winning

私がはじめてハマったソーシャルメディアは、ツイッター（現X）だった。

いまのように政治論争やクリックベイト〔扇情的なタイトルやサムネイルでクリックを促す投稿〕、暴言などで、火のついたゴミ箱のようになる前は、お気に入りのプラットフォームだったのだ。当時、マーケティング担当のコピーライターとして、短いフレーズを書くのが仕事だった私は、ひとめでツイッターのとりことなり、数年で8万以上のツイートを生みだす〝つぶやきマシン〟と化した。その大半は、たとえば「18歳の若者に、その昔、ネットフリックスは郵送でDVDを送ってきたんだ、と話したけど、ホラ話だと思われているみたいだった」というような、自分の日常についての愚にもつかない感想であり、あっというまに忘れられていった。それでも、なかには注目を集め、生き残ったツイートもいくつかあった。

そのうちの1つが、「何かをはじめたばかりのときに、自分を経験者と比較するのはやめよ

う」というものだ。このツイートをもとにした画像が、ピンタレストで何百枚も拡散され、流木アートにも使われ、さらにニュージーランドでは絵はがきにまでなったのだ。私のところにその絵はがきのセットを送ってくれた人がいたのだが、そのセットのほかのはがきには、ガンジーやエレノア・ルーズベルトの名言が書かれていたのである。私がこの2人と並ぶほどの社会貢献をしたことが、ついに認められたわけだ！

さて。このツイートがこれほど好評だったのは、きっと真実をついていたからだと思う。もう一度言うが、あなたは何かをはじめたばかりのときに、自分を経験者と比較するべきではない。自身初の著書と、スティーブン・キングの30冊めの本を。みずからはじめてつくったビジネスプランと、スティーブ・ジョブズによるアイフォンの開発を。あなたの1回めの腕立て伏せと、ザ・ロックの100万回めの腕立て伏せを、比べてはならない。

みな、こうした比較がよくないことなのは、頭ではわかっている。だが、そうしないためには、具体的にはどうすればいいのだろうか？

「みんなから、おくれをとってはならない」という長年の思い込みを――しかも、ソーシャルメディアによって、その思い込みが強くなりがちなこの時代に――どうやって打ち破ればいいのだろうか？　もっともよく耳にするアドバイスは、私のツイートと同じように、ただそれをやめるよう言うだけのものだ。

「やめなさい！」

「ソーシャルメディアからいったん離れるんだ！」

「デジタルデトックスをしよう！」

これがうまくいかなければ、〝感謝〟してみるというのはどうか？

「何事にも感謝の気持ちを！」

「自分を信じなさい！」

「幸運な出来事の数を数えよう！」

それでもダメなら、最後はこれだ。「あなたが嫉妬する人を応援してみたらどう？　敵が敵でなくなるまで、お祝いをしてあげればいい」

見た感じ、こうしたやり方はどれも役に立ちそうに思える。これまでに試してみたことはあるだろうか？　ちなみに私はある――しかも、何年も。だが、あまりうまくいかなかった。あなたはどうだっただろう？　この方法は、その場かぎりではない、長期的な変化をもたらしてくれただろうか？　おそらくそうではなかったはずだ。

こうしたアプローチがうまくいかないのは、もっとも重要な「あなたはなぜ、他人と自分を比べてしまうのか？」という問いに答えていないからだ。

答え

ただ、この問いへの答えを求めて、長い時間をかけて自己の内面を探る必要はない。私がいますぐに答えを教えよう。

あなたが他人と自分を比べてしまう理由はすばり言って、「人生に進歩があるかどうか」を脳が知りたがっているからだ。この欲求はやがて、不安や実利主義、あるいは虚栄心へと姿を変えるかもしれない。だが、自分と他人と比較をしてしまう根本的な理由は、「自分はどれくらいうまくやれているのか?」というシンプルな質問の答えを、脳が探しているからだ。

だが、どうしてそれを責められようか。

あなたにもひとりくらい、助手席に座ってナビをしているのに、前もって道を指示してくれない友だちがいるのではないか? 「1キロ先の3つめの信号を右折ね」と言うのではなく、その交差点にさしかかってからようやく「ああ、ここは右――曲がって、曲がって!」と口走る。これにはうんざりさせられる。自分がどこに向かっているのかや、行程全体のどこまできたのかが、よくわからないからだ。目的地は近いのか? まだまだ先なのか? 時間には間に合うのか?

これと同じように、あなたの脳は人生について知りたがっている――「キャリア・お金・人間関係・健康・楽しみ」という5つのビッグゲームについてはとくに。

自分のキャリアはうまくいっているのか？　この時点で、このポジションにいて大丈夫なのか？　いまいる場所はいいところなのか？　違う業界に飛び込むにはもう遅すぎるのか？　チャンスを最大限に活かせているのだろうか？

人間関係はどうだろう？　友だちは十分いるか？　自分のことをちゃんと理解してくれている人は？　みんなこんなふうに孤独を感じているのだろうか？　あるいは自分だけなのか？

お金については？　今ごろはもっと貯金があってもいいはずじゃないのか？　確定拠出年金の積み立てはできているか？　子どもを大学に行かせてあげられるだろうか？　不況がきても生き残れるだろうか？

健康はどうだろう？　体調は大丈夫か？　体型は崩れていないか？　よく眠れているか？　コーヒーにコラーゲンをいれたり、グルテンを控えたりするべきだろうか？

何か楽しいことはあるか？　大人になっても楽しんでいいのだろうか、それともそんなものは20代で終わりなのか？　何かに情熱を感じることはもうなくなってしまったのだろうか？　そもそも〝情熱〟ってなんだろう？　バードウォッチングに夢中になるには、まだ早すぎるのか？　人生ってこれで全部なのか？　それともまだ何かあるのだろうか？

このようにして、脳は無意識のうちにつねにゲームの進み具合に関心を寄せているし、それはあなた自身も同じだ。

なんの進歩も感じられないままに、ダイエットやエクササイズを1年間続けることはできない。仕事でも、上司がパフォーマンスについてなんのフィードバックもくれなければ、やる気はでない。「どこの海にどうやって行くのか、どこに泊まるのかは言えないけど、とにかく海に行こう」と言う人と、休暇をともにすることができるだろうか。あなたはつねに情報を求めているし、脳だってそうだ。

だが、たとえば誰かに「人間関係はどうですか?」「体は健康ですか?」「キャリアはうまくいっていますか?」と聞いたとしても、せいぜい漠然とした答えしか返ってこない。「大丈夫です」「問題ありません」「時と場合によります」「一歩ずつ前に進むだけです」などなど。

しかしそれでは脳は満足しない。そんな曖昧な答えで、人体のなかでもっとも好奇心の強い部位である脳を、納得させることはできない。そんな答えを聞いても脳は、人生の進み具合を探るのをやめたりはしない。ただ、「ああそう。君が人生のスコアを教えてくれないっていうなら、しょうがない。ほかの人のスコアカードを見たうえで、判断させてもらうよ」と言うだけだ。他人との比較は、つねにこうしてはじまるのである。

自分のなかにスコアカードが見つからないとき、脳はほかの人のスコアカードを使う。これが大問題なのは、自分の人生と他人のスコアカードを比べると、つねに足りない部分が見つかるからだ。私はブレネー・ブラウンやジェームズ・クリアの足元にもおよばないし、ジム・コリンズの代わりなんてできっこない。

それでもときおり、私はついつい、大成功をおさめたひとにぎりの作家たちと自分を比べてしまう――つまり、彼らの人生を基準にして、自分の人生を採点してしまう。すると、そもそもプレイしているゲームが違うということをすっかり忘れてしまう。

たとえば、独身で子どももおらず、ロサンゼルスに住んで講演者としてのキャリアを築いている人と私とでは、ほとんど共通点がない。私は結婚して22年、2人のティーンエイジャーの娘を育てており、住んでいるのはナッシュビルの郊外だ。キャリアの面では同じゲームをプレイしていても、ほかの4つのビッグゲームは大きく違っている。

一般的に言えば、講演者として一番忙しいのは企業のイベントが多い秋だが、その時期も私は金曜の夜には仕事を入れないようにしている。高校のアメフトの試合を家族と一緒に観たいからだ。年季の入ったスタンドで高校生たちの試合を眺めるのは、まさに最高の時間だ。それでもハーフタイムにスマホをひらいてみると、そこにはコロラド・スプリングズで開催中の大きなイベントに出演している講演者たちの姿が映っており、私はたちまち嫉妬の炎を燃やしてしまう。すると、アメフトのスタジアムは意識から消え去り、他人との比較の世界に突入してしまうのだ。

〝感謝〟してもどうしようもない。

相手を〝応援〟しても、これは止められない。

〝ソーシャルメディア断ち〟も効かない。

他人と比較したいという誘惑を断ち切るには、自分のスコアカードをつくって、確認できる

自分のなかに
スコアカードが
見つからないとき、
脳は、ほかの人の
スコアカードを使う。

ジョン・エイカフ　#AllItTakesIsAGoal

ようにする。それしかない。

自分のスコアカードをつくるには

この原稿を書いている時点で、私は今年、アイデアづくりに410時間15分をかけている。

また、今月は26回トレーニングをし、今週は5回ビタミンを摂った。

これらは私にとって、場当たり的な行動ではなく、自分がポテンシャルゾーンにいることを裏づける確固とした証拠だ。ビタミンを摂るのはイージーゴール。トレーニングはミドルゴール。アイデアづくりはギャランティードゴール。私はこの3つのアクションを記録すると決めている。

仮に私が「あなたは自分の可能性を発揮できていますか」と問われたら、「そう思います」とか「そんな感じがします」などという曖昧な答え方はしない。「今年は410時間15分かけてアイデアづくりをしました」「今月は26回トレーニングをしました」「今週は5回ビタミンを摂りました」と答えるだろう。

なぜこうした事実を把握できているのかと言えば、それは自分のスコアカードを持っているからだ。最近はあまりにたくさんのスコアカードがあるので、他人と自分を比べる暇などなくなってきている。

壁にかけた表には執筆時間を、ノートには日々の目標を、デスクに置いた小型のホワイトボードにはその週のタスクを、グッドリーズのアプリには読書量を、行動表には家族に親切にした回数を記録している。

そして、デルタ航空のアプリは、今年飛行機に乗った回数とランクアップまでの道のりを（ただ、憧れの〝ダイヤモンド〟ランクは遠く、ずっと〝プラチナ〟のままだ）。証券会社のアプリは財務状況の変化を。インスタグラム、X、フェイスブックは、自分のフォロワー数の伸び具合を。バズスプラウトはポッドキャストのダウンロード数を。アップルはポッドキャストについたレビューの数を、教えてくれる。

また、カレンダーを見れば今週、何回会議があったかが、ストラバを見れば今年自転車で何キロ走ったかが、アマゾンを見れば自分の本のランキングが、損益計算書を見ればビジネスの調子が、メールボックスを見れば同僚やクライアントや友だちとどれくらいコミュニケーションしたかがわかる。

本棚を見れば、自分の背丈を超えるまで自著を積み上げるというギャランティードゴールの進み具合がわかる（これは私の大きな目標だ。ちなみにいまのところ、海外版も含めれば、腰くらいの高さまできている）。

しかも、いまとりあげたものすべてを、私は椅子に座ったまま確認することができる。家のなかにはさらにたくさんのスコアカードがあるはずだ。スコアカードには、アイデアづくりの時間を記録している壁かけの大きな表のように自分でつくったものもあれば、ストラバのアプリのようにただ使っているだけで、できあがるものもある。それぞれ形は違っても、どれも私にとっては有用だ。

あなたがもし、コンフォートゾーンで無為な時間を過ごしたり、カオスゾーンで慌てふためいているとしたら、理由はきっと、以前の私と同じで、自分のスコアカードを持っていないからだろう。

だが幸いにも、スコアカードを手に入れるのはとても簡単だ。目標の進捗を測れるものなら、なんでもいいのだから。

目標の進捗を測れるものなら、なんであれ、スコアカードになりうる。

なんでもいい、という部分をわざわざ強調したのは、スコアカードについていつも最初に聞かれるのが「これはスコアカードになりますか?」という質問だからだ。答えは、例外なく「イエス」である。なんであれ、スコアカードになりうる。

たとえば、すべての洗濯物を片付けるというゲームなら、空の洗濯かごが。30分のあいだプロジェクトに集中したいのなら、アイフォンのタイマーが。1週間のあいだ毎日目標に取り組むなら、付箋に書き出した7つのチェックボックスが。1カ月のあいだマインドフルネスに集中したいなら、合計で何回やったかを表示してくれるアプリが、スコアカードになる。

どんなものでもスコアカードになりうるし、守るべきルールは多くない。実際、条件は以下の2つだけだ。

1. 目に見える形にすること
2. ちゃんと使うこと

以上。進捗を目に見える形にして、それを確認しつつ目標に取り組んでいく。一度やってみれば、スコアカードこそが自分がポテンシャルゾーンにいることを知るための、楽しくてもっともてっとりばやい、刺激的な方法だということがわかるはずだ。ハイパフォーマーたちはつねにスコアカードを使っている。

たとえば、パーク・ナショナル・バンクのCEOであるデビット・トラウトマンは、自分の読んだ本についてのスコアカードを持っている。世の中には、とてもかなわない相手というものがいるものだ。ひとめ見ただけで、人生でどんな困難が起ころうとも、間違いなくそれを乗り越えて成功するだろうと思わせるような人物が。デビットもそのうちのひとりであり、私は彼を敵にまわそうとは決して思わない。

私はデビットの会社で講演をしたとき、何かおすすめの本はありますか、と彼に尋ねてみた。ポテンシャルゾーンで生きている人が何を読んでいるのか、つねに知りたいと思っているからだ。すると彼は、その場で1冊か2冊のタイトルを挙げるのではなく、5つのカテゴリーに分類された94冊にもわたるリストを、見やすく整理されたPDFのファイルで、あとからメールで送ってくれた。彼の会社の社員は、このリストで〝営業本〟に分類されている『グリーンエッグス・アンド・ハム』〔少年が緑の卵とハムを、いやがる男にあの手この手で食べさせようとする絵本〕から、〝自己啓発書〟である『ザ・フェデラリスト』〔アメリカ合衆国憲法批准を推進すべく書かれた論文集〕まで、ここに載っている本ならなんでも無料でリクエストすることができるという。

よって、デビット本人も彼の会社の社員も、「今年、自分は知的な投資をしたのだろうか」と思い悩む必要はない。そのリストが増えていくかどうかを見れば、それでいいのだ。これこそまさにスコアカードである。

私はこれまで、何人ものハイパフォーマーにインタビューしてきたが、「人生のなかにたくさんスコアカードを用意している」というのが、彼らの数少ない共通点の1つだった。では、スコアカードをつくるにはどうすればいいのか？　以下の3つの質問に答えればいい。

1．何を測ろうとしているのか？

要するにスコアカードというのは、目標の進捗状況を測るものだが、では何をもってそれを測るのか？　もっともよく使われる基準は、〝時間〟〝行動〟〝結果〟の3つだ。私は毎週、何時間執筆をしたかを書きとめているが、当然ながらこのときの基準は〝時間〟だ。また、ビタミンを摂ったあとにチェックボックスに印をつけているが、この場合は〝行動〟。そして、クロスフィットのトレーニングで持ち上げたウエイトの総重量を記録しているのは、〝結果〟である。ビタミンのサプリを飲むのにかかる〝時間〟を測るのはナンセンスだ。水でサッと流し込むだけなのだから、ここでは〝時間〟は基準にならない。さらに、毎週飲む量を増やしていくわけでもないので、〝結果〟を記録してもしかたない。だから〝行動〟を採用している。私はビタミンを摂ったのか？　答えは「イエス」か「ノー」のどちらかしかない。

ウェイン・ベック夫妻は、借金を返すごとに記録していくことにした。これは〝結果〟だ。「私たちは壁に表を貼って、支払いをするごとに色を塗っていきました。そして目標を達成するたびに、週末に旅行に行ったりして、自分たちにご褒美をあげたんです」

もし、あなたの目標が簡単に測れるものではなかったとしても、心配はいらない。どんなものであれ、何かしらの方法で測ることはできる。セラピストは患者の気持ちを「フィーリングのスコアカード」で測っているし、医者は痛みを測るスコアカードを使っている。グレース・ハガティにいたっては、家から何キロの物を処分したかを測った。

まさかと思うかもしれないが、本当だ。

「処分する物を家から持ち出すときに、重さを量ってそれを表にしたのよ。家をダイエットさせたの。何百キロも軽くしてあげたわ」と彼女は言う。もし彼女の家が人間だったら、昔のパンツを身につけ、ゆるくなったウエスト部分を手で持ちあげて、笑顔を浮かべたビフォーアフター写真を撮っているところだろう。

2．どれくらいの期間、記録すればいいのか？

目標の進捗を測る期間は、それこそたった3分でもいいし、1年にわたってもいい。とある会計事務所のパートナー兼ＣＯＯであるヤナ・シナモンは、やる気を出すための小さなスコアカードとして〝音楽〟を使っている。「メールに返信するときに考えすぎないように、曲をかけながら返事を書いて、それが終わる前に送信ボタンを押すことに決めているの」。音楽がスコアカードとしてこれほどうまく機能するとは驚きだ。しかも、この〝音楽のスコアカード〟はときに、もっと長くなることもある。「トレーニングをしているときにかける、曲のプレイリストがあるのよ」。プレイリストの最後の曲が終われば、トレーニングも終わり、というわけだ。このプレイリストの再生回数はスコアカードであり、彼女のトレーニングの進み具合を記録してくれる。

私が進捗を測っている目標のなかには、1カ月かけて集中しなければならないものもある。そうしたものについては「アクション・トラッカー」を使う。これは、生活に組み込んだアクションを可視化するのに役立つ、シンプルな紙ベースの表だ。アクション・トラッカーをつくるのに必要なものは以下の通り。

1. 紙
2. ペン
3. 定規

道具がそろったら、まずは目標を達成しやすくするためのアクションのリストをつくる。アクションは毎日できるものであればなんでもいい。逆に言えば、「本を1冊書く」というのはリストに入らない。これはアクションではなく、長期的な目標だからだ。ここでは「新しい本の執筆に30分取り組む」というのがアクションとなる。これなら記録していける。ここでは以下に、私が実際に記録してきたアクションの例をいくつか挙げよう。

1. 毎朝、ベッドをきれいにする
2. 毎日、誰かを励ます
3. 毎日、歯磨きとフロスを3回ずつする
4. 毎日、10ページ本を読む
5. 毎日、2リットル水を飲む

こうしたアクションは、あなたの人生にもいたるところに見つかるはずだ。それがアクショ

ン・トラッカーの面白いところで、人生のどんな目標にも応用できるのである。

ちなみに、イージーゴールは1カ月よりもはるかに短い期間で終わってしまうため、アクション・トラッカーはミドルゴールに向いている。また、ギャランティードゴールを1カ月単位に分割することも可能だろう。私の例でいえば、1年に800時間アイデアづくりをするというギャランティードゴールを、月ごとに割って、記録をつけることもできる。

アクションのリストができたら、本書の巻末（327頁）にアクション・トラッカーの見本を載せているので、それを使えばいい。一番左の列にとるべきアクションをすべて書き出す。一番上の行はその月の日付だ。

そして、その1カ月を通して、毎日アクションをこなすたびに、マス目を塗りつぶしていく。最後の列にある〝T〟はトータルのTだ。私は月末になると、何日アクションを達成できたのかが気になるので、この欄をつくった。

きっちり月のはじめからアクション・トラッカーを使いはじめるのは気分のいいものだが、思い立ったのが月の真ん中なら、わざわざ来月まで待つことはない。アクション・トラッカーは1年のうち、いつスタートしてもいい。

また、目標のなかには週や月といった時間軸ではなく、達成したかどうかで評価すべきものもある。たとえば、決めた分だけ体重を落としたり、国をまたいで引っ越しをしたり、借金を返したりといったことが目標の場合、それがいつ終わるのかは予測できないだろう。そうした場合は、1日めから30日めといった時間軸ではなく、スタートからゴールまでの動きに注目して進捗を測ることになる。

3. どこに記録すればいいのか？

そろそろ、こうした質問に〝絶対の正解〟がないことがわかってきただろうか？ あるのはただ、〝あなたにとっての正解〟だけだ。これはあなたのスコアカードなのだから、あなたの人生に合うようにすべきなのだ。

ある日、私が手書きのアクション・トラッカーの画像をインスタグラムにあげたところ、ニキ・リチャードソンという女性から「すごく堅苦しくて、ひどい表に見える」というコメントがついた。彼女は間違ってはいない。ただ、このコメントには「私にとっては」という、とても大切な言葉が抜けている。要は、彼女はこう言いたかったわけだ。「私にとっては、すごく堅苦しくて、ひどい表に見える」と。

世の中の自己啓発書の問題点は、著者がこの「私にとっては」という言葉を省いてしまうことにある。そのせいで、人脈づくりの本を書いた外向的な著者は、自分の提案を受け入れない内向的な読者が多いことに驚かされるのだ。また、人生を成功に導く唯一の方法は、日々の活動を色分けすることだと力説する整理整頓好きの著者は、決まりを嫌う芸術家気質の読者たちがその方法を取り入れたがらないわけを理解できない。午前4時に起きる朝型の著者は、自分のこだわりのやり方を、世の中の誰にでも通用する万能の処方箋だと思い込んでしまう。

もしあなたがみずからの可能性を引き出したいなら、どんなアドバイスも、自分の性格や強み、やりたいことや普段の生活に照らして、ふるいにかける必要があることを忘れないようにしよう。

私は生真面目な人間ではない。ペースを保ってものごとを進めるのが苦手だからこそ、ポテンシャルゾーンにいつづけるために、いつも30日のアクション・トラッカーを活用しているのだ。もしかしたらあなたは、正反対のタイプかもしれない。それはそれですばらしいことなので、とにかく自分にあったやり方を見つけてほしい。

ミシェル・コナーズは、まるでボードゲームのようなトラッカーをつくって、目標の進み具合を測っている。以前には、アメフトの競技場を空から撮った画像を使って、10ヤードごとのラインを目標の進捗に見立てたり、毎日の歩数を記録するためにお手製の地図を描いたり、テトリス風のボードをつくったりしたこともある。私だったら、きっとこうしたやり方はうまくいかないだろう。だが、ミシェルにとってはうまくいった。それでいいのだ。

デンティスト・アントレプレナー・オーガナイゼーションのCEOであるジェイク・プールは、すべてのスコアカードを「ノーション」というタスク管理アプリ上につくっている。私は紙派なので、スコアカードをデジタルにするとよくわからなくなってしまうことが多いのだが、彼にはこのやり方が合っているようだ。

『怪しい伝説』という番組のパーソナリティだったアダム・サヴェッジは、『エブリ・ツールズ・ア・ハンマー』というゆかいな著書のなかで、まるまる2章をあてて、自身が仕事をするときにスコアカードとして使うリストやチェック表を紹介している。彼いわく、「プロジェクトが壁にぶつかったときや途中で行き詰まったときに、外的なモチベーションはあてにならない。仕事を続けるためには、モチベーションを自分自身でつくりだす必要がある。そして、何もなしにただものごとにあたるよりも、チェックリストをつくってそれを埋めていくほうが、勢いがつきやすい[1]」

このとき、スポティファイのプレイリストの再生回数でトレーニングをした時間を測るのもいいし、ソフトウェアを使って副業の進み具合を測るのもいいし、あるいはアダムがインダストリアル・ライト&マジック〔映画の視覚効果を専門にする制作会社〕でスターウォーズの特殊映像を担当していたときのように、リストをつくって勢いをつけるのもアリだ。問題なのは方法ではなく、スコアカードを目に見える形にしておいて、ちゃんと使うことだ。

また、スコアカードをつくるのに、手先が器用だったり、クリエイティブだったり、マメだったりする必要はない。私のスコアカードのなかには、幼稚園児だって使えそうなほど単純なものもある。実際、「1年で家族に365回親切にする」という目標を記録しているスコアカードは、もともとは6歳児用につくられたものだ。それはアマゾンで買った大きな信号機のポスターで、全体が格子状に区切られていて、それぞれが小さなマスになっている。たぶんこれはもともと、学校の先生が、子どもたちがいたずらをせず良い子にできた日を数えていくのに使うものなのだろう。でも私は、妻や子どもに何かしてあげるたびに、緑のスマイルマークをひとつずつ小さなマスのなかに貼っていく。

バカバカしいと思われるのはわかっている。だが、これを試してみようと思ったのはマーシャル・ゴールドスミスに勧められたからなのだ。彼は著書『ジ・アーンド・ライフ』のなかで次のように語っている。「私が日々、妻に優しい言葉をかけた回数を記録しているのを、友人にばかにされたことがある。『妻に優しくするなんて、わざわざ意識するようなことじゃないだろう』と」。それに対してゴールドスミスはこう答えたそうだ。「いいや。絶対にそうすべきだね。あえて優しくしようと意識するのが恥ずかしいだなんて、決して思わない。むしろ、そうすべきだとわかっているのに、そのための仕組みを何もつくらないほうが恥ずかしい」[2]

これこそがスコアカードのメリットだ。何かをするにあたって視覚的かつ実践的な仕組みとして働いてくれる。そしてその〝何か〟は、なんでも大丈夫だ。

きっとあなたは気づいていないだろうが、じつは「コストコ」にも、この〝何か〟がある。私の家の近くにあるコストコの入り口正面にある壁には、高さ5メートルくらいのところに、レジ係全員が使う、ホワイトボードのスコアカードがかかっていて、そこには3つの情報が記録されている――(1)1分あたりにスキャンした商品数、(2)1時間あたりに会計を処理したお客の数、(3)スキャン数がトップのレジ係の名前。この情報は毎週更新されるが、最後の項目については「ティム・R」と油性マーカーで書いてしまってもいいかもしれない。彼は決してトップの座をゆずらないからだ。

個人的にはテネシー州ブレントウッドにあるこのコストコで、ティムの姿を見かけたことは一度もない。だが、それでも彼はこの店の〝主〟だ。彼は現在、1分あたり平均23・54個の商品をスキャンし、1時間あたり57・58人のお客の会計を処理している。買った物がカヤックだろうと、電池144個だろうと、カゴいっぱいのスナック菓子だろうと、ティムのレジに並ばせいぜい80秒ほどで会計は終わる。私は店に行くといつも、ほかのレジ係に彼のことを尋ねる。すると彼らはすこし悔しそうに「ああ、ティムね。あいつは速いよ」と認める。

ひとめでわかるうえに、記録にあわせて報償金が出るスコアカードが壁に貼られていることで、レジ係のモチベーションはあがり、工夫しようという気になる。コストコの店員がレディットにたてたスレッドでは、レジ係が以下のようなノウハウを投稿しているほどだ。

- 片手でレシートと会員カードを渡しながら、もう片方の手で、次のお客さんのカードを受け取ってスキャンする。
- 商品は基本的に片手で扱う。必要なとき以外は、商品を両手で持ったり、体をねじったりしない。

・すばやくスキャンするために、できるだけそれぞれの商品のバーコードの位置を覚えるようにする。[3]

「必要なとき以外は体をねじったりしない」。これを聞いて、そんなに細かいことまで気をつけなきゃいけないのか、と思う人もいるかもしれない。だが、これが効くのだ。コストコでは1日あたり4億4700万ドルの売り上げがあると言われている。[4] 1日あたりでだ！　そしてあのスコアカードは毎年、1630億ドルもの経済効果をあげているそうだ。ならば私の収入だって、規模としてはこれには遠くおよばなくても、いくつかスコアカードを追加することで、パフォーマンスを改善できる余地はあるだろう。

まずは、ムダに体をねじらないよう気をつけるところからはじめようか。

見落とされがちなスコアカードの最大のメリット

自分と他人を比べてしまうというのは、わりと自覚しやすい行為だ。だがじつは、自分の可能性を追求するうえで、さらに有害な、たちの悪い比較がこの世には存在する。しかもおそろしいことに、それには自覚症状がない。あなたは無意識のうちに、自分を何者かと比較してしまうのだ。その相手とは？

〝あなた自身〟だ。

過去の自分やあるべき理想の自分と、いまの自分を比べて物足りなさを感じる。私は本書を書くための調査に取り組んではじめて、これが極めて大きな問題だということに気づいた。

ヴァレリーという参加者は次のように語っていた。「私は年老いた認知症の母親の世話を週に5～10時間ほどしなければなりませんし、腎臓病を患っている大きな娘もいます。その状態でどうやって目標に取り組めばいいんでしょうか？」

ケイティはこう言っていた。「私には幼い子どもがいて、デイケアも使っていません。夫の仕事は激務で、信じられないくらい長い時間働いていますし、私はビジネスをはじめたばかり。どうやって優先順位をつけたらいいかわかりません」

ホリーはこう言った。「自分の事業は、目指すレベルに達していません。それなのに最近、夫が亡くなり、母子家庭になってしまったんです」

レジナルドはこう尋ねた。「認知症が進んだ母を家でひとりで介護しながら、自分を責めることなく、家や土地をうまくやりくりするなんて、どうすればできるんでしょうか？」

みな、抱えている事情はそれぞれ違う。だが、私のアドバイスはただひとつ――「新しいスコアカードをつくりなさい」ということだけだ。

ヴァレリーは、年老いた親も腎臓病の娘もいなかった過去の自分といまの自分を比べている。

ケイティは、幼い子どももいなければ、事業もやっていなかった過去の自分といまの自分を比べている。

ホリーは、未亡人でも母子家庭でもなかった過去の自分といまの自分を比べている。

レジナルドは、認知症が進んだ母の介護をしていなかった過去の自分といまの自分を比べている。

人生の状況が変われば、新しいスコアカードが必要になる。その変化が、子どもが生まれたり事業をはじめたりといったポジティブなものだろうと、健康を害したといったネガティブなものだろうと関係ない。とにかくスコアカードを変えなければ、もはやいまの人生にはあてはまらなくなった過去の基準で自分のパフォーマンスに期待して、けっきょく達成できず、自責の念にかられるというムダな時間を過ごすことになる。

ちなみに私は、毎年夏になるとこのことを思い知らされる。私は自宅で働いているが、6月の最初の2週間はたいてい、5月ほど仕事がはかどらずにイライラしてしまう。理由はあきらかで、子どもたちが家にいるからだ。近所のプールもオープンしている。夏というのはそういうもので、静かだった家が子どもの活動の中心地になる。もう9年も連続で同じ経験をしているのに、いつも自分のパフォーマンスへの期待を調整しわすれてしまう。

しかし正直に言って、私自身、スコアカードがこうした問題を解決してくれるとは最初は思っていなかった。たんに目標の進捗を記録するために使っていただけだ。だが、ほかの人にスコアカードのつくり方を教えるようになると、みなが安心した顔に変わっていくのを目の当たりにすることになったのだ。

私は、ヴァレリーに「お母さんの介護にかかる5〜10時間を差し引いたうえで、目標への取り組み方を考えてみて」と言った。

ケイティを「新しくビジネスをはじめたんだね。おめでとう！　それを考慮にいれたうえで、生活全体を見直したほうがいいよ」と励ました。

ホリーを「未亡人になったのも母子家庭になったのもはじめてだよね。これまでの100倍、自分をいたわるようにして」とさとした。

そしてレジナルドには「お母さんの介護にはどれくらいの時間がかかるの？　それにあわせて、家や土地のやりくりについては、すくなくとも当面はペースを落としたほうがいいよ」と助言した。

それぞれ言い方は違うが、アドバイスの本質はすべて同じだ——つまり、人生に変化があったのなら、スコアカードも新しくつくりなおすこと。

本書の読者も例外なく、ここ数年で人生が大きく変化したはずだ。新型コロナのパンデミックによって、誰もがスコアカードを新しくせざるをえなくなった。みなコロナ前の生活といまの生活を無意識に比べてしまう。だがそうすると、結局は自責の念にかられるだけでなく、いまの人生のすばらしさを見逃してしまうことにもつながりかねない。

> 人生に変化があったのなら、スコアカードも新しくつくりなおすこと。

スコアカードは、自分がポテンシャルゾーンにいることを知るための唯一の手段

われわれはスコアカードが子どもの役に立つのは知っているが、なぜか大人には必要ないものだと思っている。私は、これまで何百人もの人に、「目標に取り組むときにスコアカードを使っていますか」と尋ねてきた。すると、どのような答えが返ってきたか。レベッカ・ウィリアムズの回答はまさにその典型だ。「子どもたちには使わせるわ……でも、自分で使おうと思ったことはないわね」。家事のお手伝いから、本の読み方の練習、トイレのしつけにいたるまで、私たちは子どものころにはスコアカードをおおいに活用する。だが18歳になると、もう自分には無用の長物だと思ってしまう。なぜなら人生が楽になったから。

しかし、これは本当だろうか？　大人になってからの人生は子ども時代よりも楽なのか？　むしろ、これまで以上にスコアカードが必要なのではないか？

私には必要だ。

そして、あなたにも。

1日の終わり、1週間の終わり、1年の終わり、そして人生の終わりに、「私は、自分の持っていた可能性を活かせたのだろうか？」という問いに、はっきりと答えられるようにしてほしい。

「うん。間違いない」。そう答えたあなたは、イージーゴール、ミドルゴール、ギャランティードゴールに取り組むあいだに楽しみながら記録をつけてきたスコアカードを指さし、「これが証拠さ」と言う。

ぜひそうあってほしい。

最後に
――ゴールのハシゴを上からたどる

サムフォード大学の1年生として悲惨な時を過ごしてから28年後、長女のL・Eが同じ大学に通うことになった。そして入学から数週間後のファミリー・ウィークエンド〔学生の両親が大学を訪れる行事〕で、なんと私は基調講演をおこなうことになった。

いまや私は、世間的に知名度の高いOBであり、光栄にも同窓生の模範になりうる存在だと思われているのだ。登壇する前に思わず笑みがこぼれる。スーパーマーケットの前の歩道でかき氷をつくり、教務課の部長から社交イベントへの出入り禁止を言い渡された私がこんなことになるなんて、当時は誰ひとり思ってもみなかっただろう。だが、これが人の持つ可能性の面白いところだ。

可能性は決して消えることはない。

つねにあなたを待っているし、いつでも使うことができる。

その存在に気づいた瞬間に、すぐに呼びだすことができるのだ。

あなたはもうきっと、その準備ができているはずだ。だから最後にもうひとつだけアドバイスを贈る。この本の内容をさかのぼってみよう。

イージーゴールを〝夢見る〟人は誰もいない。

「４００メートルだけ歩きたい！　文章を２００文字だけ書きたい！　キッチンの引き出しを１つだけ片付けたい！　ギターでＧコードだけを覚えたい！　イタリア語の単語を10個だけ覚えたい！」とは誰も思わない。

みな、自分にはもっと大きなことができると思っているし、そうであるべきだ。

マラソンを完走したい！

小説を書きたい！

家全体をきれいにしたい！

ギターをマスターしたい！

イタリアに移住したい！

私たちはでっかい夢を持っている。それには小さな積み重ねが必要なこともわかっている。だが、大きな目標をどうやって小さなアクションに分割すればいいのかわからない。ここでひっかかって、あきらめてしまう人が多い。大きな望みを日々の行動に落とし込むなんて〝普通の人〟には無理だ、自分の持つ可能性を具体的な目標に変えるなんて不可能だ、と思ってしまう。

だが、われわれは〝普通〟ではない。これから、前の章でのぼりおえたばかりのゴールのハシゴを上からたどっていくことで、このギャップを克服するのだ。

ただその前にもう一度、ベストモーメントリストを見直そう。蛍光ペンを取り出して、これまでで最高の瞬間を書き出したときのことを思い出そう。もっと欲しいと思うものはなんだろう？「成果・経験・関係・物」という分類は、人生を照らし出してくれただろうか？ 過去は、いまのあなたにアドバイスをし、未来への準備をさせてくれる宝物だ。

それをおおまかに把握したら、次は5つのビッグゲーム――「キャリア・お金・人間関係・健康・楽しみ」のうちの1つを選ぼう。内容はどんなものでもいい。本書に載っている具体例だけでも、100以上あるのだから。

そしてプレイするゲームを決めたら、今回はそれを、まずはギャランティードゴールにする。それには以下の条件を満たすようにすること。

1. 3カ月から1年ほどで達成できる
2. 100パーセント自分でコントロールできる
3. 進捗を測りやすい
4. 慎重にスケジュールを立てざるをえない（週に8時間程度を要する）
5. 人に話すと「そんなの無理」と言われる

プレイするゲームを

決めたら、それを

ギャランティードゴールに

すればいい。

ジョン・エイカフ

#AllItTakesIsAGoal

もしマラソンの準備のために4カ月を確保できて、各回のトレーニングをしっかりとコントロールできる見通しがたち、走り込んだ距離を記録するスコアカードも用意できている。かつ、週に8時間をあてられることが確実であり、さらに、友人たちからマラソンを完走するなんて無理だと思われているなら、あなたの進もうとしている道は正しい。

ここまで確認できたら、次はこのギャランティードゴールを小さくして、より扱いやすいミドルゴールにしてみよう。以下の条件を満たすようにすること。

1. 30日から90日ほどで達成できる
2. フレキシブルである
3. 1日休んだくらいではバラバラになったりしない
4. スケジュールの調整が望まれる（週に5時間程度を要する）
5. ある程度の我慢が必要とされる

もしランニングのために4週間を確保できて、毎日すこしずつでも走れる目途がたち（あるいは近所をゆっくり歩くだけでもいいが）、1日休んでも自分を許せるくらいの余裕がある。そして、いまのスケジュールを大幅に変えなくても時間をとれる状態であり、さらに我慢強く取り組む気持ちがあるなら、あなたは正しい場所に立っている。

では最後に、ミドルゴールをさらに小さくして、イージーゴールにしよう。以下の条件を満たすようにすること。

1. 1日から7日ほどで達成できる
2. 最初のステップが明確
3. それほどお金がかからない
4. いまのスケジュールに合っている（週に2時間程度を要する）
5. とてもささいなことなので、〝物足りなく〟感じる

もし今週2回走る時間をとれて、優れたトレーニングプランの組み方がわかっていて、まだ参加費が高額なレースに申し込む必要がなく、いまのスケジュールに無理なく組み込める。そして、さらにその計画について話しても誰も驚かないなら、それは完璧なイージーゴールだといえる。

さて、あなたは〝ゴールのハシゴを上からたどる〟ことはできただろうか？　もしそうなら、世の中の99パーセントの人たちができないことを成し遂げたことになる。

つまり、ビッグゲームを実行可能なものにした。

〝いつかやる〟を〝今日からやる〟に変えた。

ビジョンの壁を乗り越え、〝頑固な自分〟にストップをかけた。

コンフォートゾーンを抜け出し、カオスゾーンにはまることなく、ポテンシャルゾーンへの第一歩を踏み出した。

あなたはもう、自分の可能性を半分も活かせていないと感じている、世の中の多くの人たちとは違う。

もらったクリスマスプレゼントを半分だけではなく、全部開けるときがきたのだ。

それを使ってあなたは何を達成するのだろう。私はその姿を見るのが、楽しみでならない。

アクション・トラッカー

月：＿＿＿＿＿＿

アクション	1	2	3	4	5	6	7	8	9	10	11	12	13	14	15	16	17	18	19	20	21	22	23	24	25	26	27	28	29	30	31	T

謝辞

じつは「本書を書いたこと」も〝最高の瞬間〟として、私のベストモーメントリストに載っている。なぜなら、多くのすばらしい人たちとともに仕事ができたからだ。

まずは妻のジェニーへ。原稿を読んでくれるたびに、君がするお決まりの質問を思い出すと私はいつも笑ってしまう。「ジョン、あなたはフィードバックが欲しいのかしら？　それとも褒めてほしいの？」。22年ものあいだ、その両方をくれたことに感謝する。この本のすべてのページのかげに君の存在がある。そして、娘のL・Eとマクレーへ。私はそろそろまた、君たちとともに、次の本を書きたいと思っている。だって、前の本があまりに楽しかったから。愛してるよ。

アシュリー・ホランドへ。一緒に仕事をはじめてからもう7年が経つなんて、びっくりだ。本も、講演も、セミナーも、ポッドキャストも、ミーティングもあなたなしでは考えられなかった。ジャンカルロ・レミへ。この本に実在の人物による50以上のエピソードを掲載できたのは、あなたのていねいな取材があったからだ。すばらしい仕事をありがとう。

また、ベイカーパブリッシングのみなさんには、本当に感謝している。あと4冊もご一緒できるなんて、ワクワクする。前にも言ったことだが、もう一度言わせてもらおう。「ぼくたちはまだ、出発したばかりだ！」。ブライアン・ボスは、本書のプロジェクトを最初から最後まで見守ってくれた。こんなに洞察力があって気の長い、すばらしい編集者はほかにいない。マーク・ライスのような営業の魔術師がいなかったら、どんな本も読者に届くことはないだろう。あらゆるプラットフォームとメディア、そして書店の棚でこの本を後押ししてくれたことに感謝する。エイミー・ネメセックが手をいれるたびに、この本はユーモラスで、論旨明快な読みやすいものになった。ローラ・パウエルは、クリエイティブなデザインで私の原稿を芸術的な本に仕上げてくれた。ウィリアム・オーバービークは本のなかのデザインを、外装に釣り合ったすばらしいものにしてくれた。レイチェル・オコナーは新しい本を形にするのにつきものの、数多くの雑事を完璧にこなしてくれた。

ドワイト・ベイカー、アイリーン・ハンソン、ホリー・シーベル、カーソン・クンネン、オリビア・ペイシュ、ウィリアム・オーバービーク、ネイサン・ヘンリオン、そしてその他のベイカーパブリッシングの営業&マーケティングチームの方たちへ。この数十年、みなさんとともに下した決断は、すべてすばらしい結果につながった。本当にありがとう。

マイク・ソールズベリーとカーティス・イェーツへ。この本をできるかぎりよいものにするために、君たちが折に触れて私に〝ツッコミ〟を入れてくれて、とても助かった。

マイク・ピーズリー博士。あなたの研究はいつも、面白い着想をジェットエンジンで加速させたかのようだ。知恵を貸してくれてありがとう。

ケイレブ・ピーヴィー、ジェシカ・ピーヴィー、ケイティ・ピルソン、エイミー・フェントン、MC・タンクスリー、アーロン・ホヴィヴィアン。私のワンマンショーを、日々世界を変えるためのビジネスに変えてくれて感謝する。

そして最後になったが、読者のみなさん。私の本を手に取ってくれてありがとう。あなたたちがいなければ、私はナッシュビルで、やたらと長い日記を書きつらねているだけの男にすぎない。

id1547078080?i=1000559295402.

12 華々しさよりも技術を追う

1. Brendan Leonard, *I Hate Running and You Can Too: How to Get Started, Keep Going, and Make Sense of an Irrational Passion* (New York: Artisan Books, 2021), 56.
2. Mihaly Csikszentmihalyi, *Finding Flow: The Psychology of Engagement with Everyday Life* (New York: Basic Books, 1997), 105.（邦訳前掲）
3. Csikszentmihalyi, *Finding Flow*, 105.
4. Csikszentmihalyi, *Finding Flow*, 105–6.

13 仲間を探して、可能性を見つけよう

1. Paul Graham, “The Refragmentation,” paulgraham.com, January 2016, http://paulgraham.com/re.html.
2. Peter F. Drucker, “Managing Knowledge Means Managing Oneself,” *Leader to Leader* no. 16 (Spring 2000), http://rlaexp.com/studio/biz/conceptual_resources/authors/peter_drucker/mkmmo_org.pdf.

15 みずからの成功を保証する

1. この言葉の引用元は以下のとおり。Madsen Pirie, “Death and Taxes,” Adam Smith Institute, November 13, 2019, https://www.adamsmith.org/blog/death-and-taxes.

16 恐怖を目標に変えて、行く末を見守る

1. “Next Time, What Say We Boil a Consultant,” *Fast Company*, October 31, 1995, https://www.fastcompany.com/26455/next-time-what-say-we-boil-consultant.
2. Joscha Böhnlein et al., “Factors Influencing the Success of Exposure Therapy for Specific Phobia: A Systematic Review,” *Neuroscience and Biobehavioral Reviews* 108 (January 2020): 796–820, https://doi.org/10.1016/j.neubiorev.2019.12.009.
3. Arthur C. Brooks, *From Strength to Strength: Finding Success, Happiness, and Deep Purpose in the Second Half of Life* (New York: Portfolio, 2022), 105.（アーサー・C・ブルックス著、木村千里訳『人生後半の戦略書 ――ハーバード大教授が教える人生とキャリアを再構築する方法』SBクリエイティブ、2023年）

17 ゲームに勝っていることを知るために、スコアカードをつくろう

1. Adam Savage, *Every Tool's a Hammer: Life Is What You Make It* (New York: Atria Books, 2020), 58.
2. Marshall Goldsmith and Mark Reiter, *The Earned Life: Lose Regret, Choose Fulfillment* (New York: Currency, 2022), 141.
3. juancho0808, “[Employee] Cashier statistics question,” Reddit, 2018, https://www.reddit.com/r/Costco/comments/a4wvgr/employee_cashier_statistics_question/.
4. Marques Thomas, “How Much Does Costco Make a Second, Minute, Hour, Day, and Month?” Query Sprout, May 12, 2021, https://querysprout.com/how-much-does-costco-make-a-second-minute-hour-day-and-month/.

4. Csikszentmihalyi, *Finding Flow*, 59.
5. Lieberman and Long, *The Molecule of More*, 5.
6. Lieberman and Long, *The Molecule of More*, 6.

6　勝ちたいビッグゲームを選ぶ

1. Marshall Goldsmith, *What Got You Here Won't Get You There: How Successful People Become Even More Successful* (New York: Hachette, 2007), 180.（マーシャル・ゴールドスミス著、斎藤聖美訳『コーチングの神様が教える「できる人」の法則』日経BP日本経済新聞出版、2024年）
2. Goldsmith, *What Got You Here*, 180.
3. Gay Hendricks, *The Big Leap: Conquer Your Hidden Fear and Take Life to the Next Level* (San Francisco: HarperOne, 2010).

7　イージーゴールでコンフォートゾーンから抜け出す

1. Jeffery J. Downs and Jami L. Downs, Streaking: *The Simple Practice of Conscious, Consistent Actions That Create Life-Changing Results* (n.p.: Page Two Books, 2020), 38.

8　ミドルゴールを使ってカオスゾーンを避ける

1. この言葉の引用元は以下のとおり。Morgan Housel, *The Psychology of Money: Timeless Lessons on Wealth, Greed, and Happiness* (Petersfield, UK: Harriman House, 2020), 142.（モーガン・ハウセル著、児島修訳『サイコロジー・オブ・マネー ――一生お金に困らない「富」のマインドセット』ダイヤモンド社、2021年）

9　カレンダーを占拠せよ

1. Oliver Burkeman, *Four Thousand Weeks: Time Management for Mortals* (New York: Farrar, Straus and Giroux, 2021), 95.（オリバー・バークマン著、高橋璃子訳『限りある時間の使い方』かんき出版、2022年）
2. Jon Acuff (@JonAcuff), Twitter, June 1, 2022, 2:50 p.m., https://twitter.com/JonAcuff/status/1532072076198088704.

10　お気に入りの燃料を見つける

1. Bryan K. Smith, "What Kind of Fuel Do Rockets Use and How Does It Give Them Enough Power to Get into Space?," *Scientific American*, February 13, 2006, https://www.scientificamerican.com/article/what-kind-of-fuel-do-rock/.
2. Smith, "What Kind of Fuel Do Rockets Use?"
3. Warren Buffett, pledge letter, The Giving Pledge, https://givingpledge.org/pledger?pledgerId=177.（2022年10月25日アクセス）

11　最高の成果を達成する

1. "Reinvent Your Life, Raise Millions of Dollars, Do Work That Matters: The Scott Harrison Story," *All It Takes Is a Goal* (podcast), episode 71, May 2, 2022, https://podcasts.apple.com/us/podcast/atg-71-reinvent-your-life-raise-millions-of-dollars/

註

NOTES

はじめに

1. Simon Sinek, "How Great Leaders Inspire Action," TEDX Puget Sound, September 2009, https://www.ted.com/talks/simon_sinek_how_great_leaders_inspire_action?language=en.

1 未来に戻る

1. John Tierney and Roy F. Baumeister, *The Power of Bad: How the Negativity Effect Rules Us and How We Can Rule It* (New York: Penguin Books, 2021), 71.
2. Martin E. P. Seligman, *Authentic Happiness: Using the New Positive Psychology to Realize Your Potential for Lasting Fulfillment* (New York: Free Press, 2002), 6.（マーティン・セリグマン著、小林裕子訳『ポジティブ心理学が教えてくれる「ほんものの幸せ」の見つけ方』パンローリング、2021年）

2 ベストモーメントリストをつくってみよう

1. Rita Elmkvist Nilsen, "How Your Brain Experiences Time," Norwegian University of Science and Technology, https://www.ntnu.edu/how-your-brain-experiences-time.
2. 本書で紹介している個人のコメントは、FacebookとLinkedInのプライベート・グループに投稿されたものであり、本人から許可をいただいたうえで使用している。
3. Elizabeth Dunn and Michael Norton, *Happy Money: The Science of Happier Spending* (New York: Simon & Schuster, 2013), 117.（エリザベス・ダン、マイケル・ノートン著、古川奈々子訳『「幸せをお金で買う」5つの授業』KADOKAWA、2014年）

4 変わるのが大嫌いなあの人をだます

1. Daniel Z. Lieberman and Michael E. Long, *The Molecule of More: How a Single Chemical in Your Brain Drives Love, Sex, and Creativity—and Will Determine the Fate of the Human Race* (Dallas: BenBella Books, 2018), 201.（ダニエル・Z・リーバーマン、マイケル・E・ロング著、梅田智世訳『もっと! ──愛と創造、支配と進歩をもたらすドーパミンの最新脳科学』インターシフト［合同出版］、2020年）
2. Mihaly Csikszentmihalyi, *Finding Flow: The Psychology of Engagement with Everyday Life* (New York: Basic Books, 1997), 59.（M.チクセントミハイ著、大森弘訳『フロー体験入門 ──楽しみと創造の心理学』世界思想社、2010年）
3. Csikszentmihalyi, *Finding Flow*, 59.

■著者紹介

ジョン・エイカフ（Jon Acuff）

ベストセラー作家。9冊の著書が『ニューヨーク・タイムズ』のベストセラーとなる。代表作は『Soundtracks: The Surprising Solution to Overthinking』『Your New Playlist: The Student's Guide to Tapping into the Superpower of Mindset』、そして『ウォール・ストリート・ジャーナル』のベストセラー第1位になった『FINISH! 必ず最後までやり切る人になる最強の方法』（ダイヤモンド社）など。

執筆活動や自身が手がける人気ポッドキャスト「All It Takes Is a Goal」の収録の合間に、『INC.』誌が選ぶ「トップ100リーダーシップスピーカー」としてステージにも立つ。これまでにフェデックス、ランドローバー、マイクロソフト、ノキア、コメディ・セントラルをはじめとする世界中の企業や大学、サミットで多くの人々を前に講演をおこなってきた。

ユーモアあふれる文体で示される鋭い知見や、人生への斬新な切り口で知られるエイカフは、『ファスト・カンパニー』や『ハーバード・ビジネス・レビュー』、『タイム』への寄稿経験もある。現在は妻のジェニーとふたりの娘とともに、テネシー州ナッシュビルの郊外で暮らしている。さらに詳しい情報を知りたい人はJonAcuff.comにアクセスしよう。

■訳者紹介

井上大剛（いのうえ・ひろたか）

翻訳者。訳書に『初心にかえる入門書――年齢や経験で何事も面倒になった人へ』（パンローリング）、『WILDERNESS AND RISK　荒ぶる自然と人間をめぐる10のエピソード』（山と渓谷社）、『ウィンストン・チャーチル　ヒトラーから世界を救った男』（共訳、KADOKAWA）、など。

2024年６月３日　初版第１刷発行

フェニックスシリーズ⑮④

必《ひつ》要《よう》なのはゴールだけ
――ポテンシャルゾーンの入り方

著　者　　ジョン・エイカフ
訳　者　　井上大剛
発行者　　後藤康徳
発行所　　パンローリング株式会社
〒160-0023　東京都新宿区西新宿 7-9-18　6階
TEL 03-5386-7391　FAX 03-5386-7393
http://www.panrolling.com/
E-mail　info@panrolling.com
装　丁　　パンローリング装丁室
印刷·製本　株式会社シナノ

ISBN978-4-7759-4297-0